기내 서비스 프로세스 가이드

홍윤희 김지윤 공저

IN-FLIGHT SERVICE PROCESS GUIDE

양 성 원

머리말

오늘날 항공산업은 국가 경제 발전과 글로벌 교류의 핵심 축으로 자리 잡았습니다. 특히 항공기 객실에서 승객과 직접 마주하는 객실승무원은 안전과 서비스를 동시에 책임지는 중요한 역할을 수행하고 있습니다. 이에 따라 객실승무원에게 요구되는 전문 역량은 갈수록 높아지고 있으며, 무엇보다도 체계적인 이론 지식과 이를 바탕으로 한 실무 감각이 필수적으로 요구되고 있습니다.

그러나 국내 교육 환경에서는 실제 항공사에서 이루어지는 객실 실습이 현실적으로 제한되어 있어, 현장에서의 경험을 충분히 쌓는 데 어려움이 있는 것이 사실입니다. 이러한 현실적인 한계를 보완하고자 본 교재는 국내 항공사의 표준화된 운영 내용과 절차를 통합하여 체계적으로 정리하였으며, 이를 기반으로 학생들이 마치 현장에 있는 것처럼 실습할 수 있도록 구성하였습니다.

무엇보다 이 자리를 빌려 매일같이 좁은 기내 공간에서 승객의 안전과 편안한 여행을 위해 최선을 다하고 있는 모든 현직 객실승무원 여러분의 헌신과 노고에 깊은 존경과 감사를 전합니다.

본 교재는 항공서비스 전공 학생들이 이론과 실무를 유기적으로 연결하고, 변화하는 항공산업 환경 속에서 유능한 객실승무원으로 성장할 수 있도록 돕는 데 그 목적이 있습니다. 나아가 이 교재를 통해 학생들이 항공 안전과 고객서비스의 가치를 다시금 깨닫고, 미래 항공산업의 주역으로 한 걸음 더 나아가는 계기가 되기를 진심으로 바랍니다.

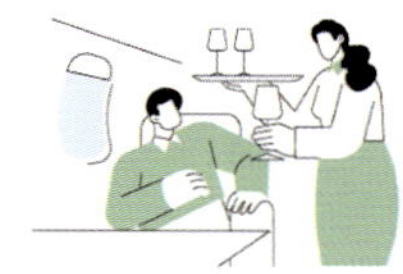

끝으로 함께 힘써 주신 출판사 관계자 여러분과 원고 집필 및 교정에 도움을 주신 모든 분들께 진심 어린 감사의 마음을 전합니다. 그리고 객실승무원을 꿈꾸는 모든 분들이 스스로의 가능성을 믿고 끝까지 도전하여, 안전하고 빛나는 미래를 활짝 펼치시길 진심으로 응원합니다.

저자 올림

차 례

PART 2

기내 서비스 운영과 절차

PART 3

기내 절차와 실무(항공기 객실승무원의 업무절차)

PART 1

객실승무원의 이해

학습목표

1. 객실승무원의 정의와 역사적 발전 과정을 이해한다.
2. 객실승무원의 주요 임무와 자격 요건, 직급별 역할을 설명할 수 있다.
3. 항공기 및 객실 구조와 주요 시설 · 시스템의 기능과 목적을 이해한다.
4. 객실승무원의 안전관리 및 서비스 업무를 위한 실무적 지식과 팀워크의 중요성을 인식한다.

Chapter

01 객실승무원이란

1. 객실승무원의 정의

우리나라 「항공안전법」에 따르면 항공사 객실승무원이란 '항공기에 탑승하여 비상시 승객을 탈출시키는 등 승객의 안전을 위한 업무를 수행하는 사람을 말한다.'라고 명시되어 있다(항공안전법, 법률 18789호).

항공업계에서 국제적으로 통용되는 명칭으로는 "Flight Attendant"라 하며, ICAO(국제민간항공기구) 및 IATA(국제항공운송협회) 등에서 공식적으로 사용된다.

또한 항공기 객실에서 근무하는 승무원들, 즉 전체 팀을 지칭하는 "Cabin Crew"라 부르기도 한다.

따라서, 객실승무원은 비상 상황에서 승객의 안전을 확보하고, 필요한 조치를 수행하는 역할을 담당하는 사람을 일컫는다.

Stewardess(여성) / Steward(남성)

과거에는 객실승무원을 부르는 명칭으로 사용되었으나 현재는 성차별적 언어로 간주되어 거의 사용하지 않는다.

객실승무원의 유래

1. 초기 항공기의 등장과 '항공 스튜어드(Air Steward)'

1910~1920년대, 여객 항공기가 도입되면서 승객을 돌보는 직무가 필요해졌으며, 이 시기에는 대부분 남성이 이 역할을 맡았으며, 기내의 짐 정리, 음식 제공, 좌석 정리 등을 수행했음.

당시 명칭: Air Steward 또는 Cabin Boy

2. 최초의 여성 승무원: 엘렌 처치(Ellen Church)

1930년, 미국 보잉 항공 운송사에서 세계 최초의 여성 승무원인 엘렌 처치가 채용됨. 그녀는 간호사 자격을 가진 인물로, 기내에서 승객의 건강과 안전을 관리하는 역할을 담당하였음.

이후 항공사들은 간호사 자격을 갖춘 여성들을 선호하게 되었고, 이때부터 'Air Hostess'라는 명칭이 생겨남.

3.1950~60년대: 기내 서비스의 상업화

항공여행이 대중화되면서 서비스 중심의 이미지가 강조됨.

여성 승무원의 용모, 복장, 친절한 응대 등이 마케팅 수단으로 활용되었고, 이 시기 '스튜어디스(Stewardess)'라는 명칭으로 알려짐.

그러나 이 표현은 성차별적 요소가 강하다는 비판을 받기 시작함.

4. 현대: Flight Attendant / Cabin Crew

1970년대 이후, 성별과 관계없이 공정한 직무 명칭의 필요성이 대두되며 Flight Attendant라는 중립적 용어가 사용되기 시작됨.

ICAO, IATA 등의 국제기구에서도 공식 용어로 사용.

오늘날에는 Cabin Crew(팀 단위)와 Flight Attendant(개인 직무 중심) 모두 사용되며, 서비스뿐 아니라 안전 관리 업무가 강조되고 있음.

2. 객실승무원의 역할 및 업무

1) 객실승무원의 임무

객실승무원은 항공기에 탑승하여 비상 상황 시 신속하고 안전한 탈출을 진행하는 업무와 평상시 기내 안전 업무를 수행하여 탑승객을 목적지까지 안전하게 운송해야 하는 임무를 가지고 있다.

「항공안전법 시행규칙」 제218조에 명시되어 있는 객실승무원의 임무는 다음과 같다.

- 비상 상황 시 승객의 안전 확보: 비상탈출 절차 수행, 비상장비 및 구급용구 사용
- 비상 대응 능력 보유: 항공기 비상시 필요한 조치를 취할 수 있는 지식과 능력 보유
- 정기적인 교육훈련 이수: 최초 교육 후 매 12개월마다 정기적인 교육훈련 실시
- 위험물 취급 절차 숙지: 위험물 취급의 절차 및 방법에 관한 사항 숙지

(1) 안전 업무

- 비행 전 안전점검: 비상장비의 위치 확인과 작동 여부 점검
- 비상 탈출 절차 시행
- 승객 안전 확보 및 순회: 이착륙 중 안전벨트 확인, 수하물 보관 상태 점검, 비상구 주변 통로 확보 등

(2) 보안 업무

- 「항공보안법」 준수: 무단 접근, 폭발물, 위험물 반입 여부 확인
- 승객 감시 활동: 의심 행동 승객 모니터링, 위험 요소 사전 차단
- 승무원 보안 교육 이행: 보안 관련 정기 교육 및 상황 대응 훈련 참여
- 도착 후 점검: 잔류 물품 확인 및 객실 내 수상한 물건 신고

(3) 기내 서비스 업무

- 식음료 서비스: 클래스별 서비스 표준에 따라 식사, 음료 제공
- 면세품 및 기타 판매 서비스: LCC 또는 일부 FSC의 경우 판매 업무 수행
- 승객 요청 응대: 유아 동반, 노약자, 특별식 요청 등
- 고객 불만 및 컴플레인 처리: 신속하고 공손한 태도로 해결 및 보고

객실업무 우선순위

- 비상 탈출 및 탈출 상황 대비 업무(Emergency Evacuation)
- 항공안전 및 보안 업무(In-flight Safety & Security)
- 승객 지원(Assist Passengers)
- 기내서비스(In-flight Service)

2) 객실승무원의 자격

항공사는 객실승무원이 임무와 책임을 수행하기 위한 체력, 책임, 지식, 장비 운영, 나이 등과 운항승무원, 동료 승무원, 다른 구성원 및 승객들과의 효율적인 의사소통이 될 수 있도록 최소 자격을 정하여 고시할 수 있다.

대한민국 「항공안전법」 및 시행규칙에 따르면, 객실승무원은 다음과 같은 요건을 충족해야 한다.

(1) 법적 자격 요건

대한민국 「항공안전법」 및 시행규칙에 따르면, 객실승무원은 다음과 같은 요건을 충족해야 한다.

- 비상 상황 대응 능력: 항공기 내 비상장비 및 구급용구를 활용하여 비상 탈출 등 필요한 조치를 취할 수 있는 지식과 능력을 보유해야 한다.
- 정기 교육 이수: 승무원은 정기적으로 안전 및 비상 절차에 대한 교육을 이수해야 하며, 일정 기간마다 재교육을 받아야 한다.
- 신체 조건 유지: 항공기 탑승 근무에 적합한 신체 조건을 유지해야 하며, 조건 미달 시 승무원 자격이 일시 정지 또는 상실될 수 있다.

(2) 항공사별 채용 기준

항공사들은 법적 요건 외에도 자체적인 기준을 설정하여 승무원을 채용하고 있다. 일반적으로 다음과 같은 기준이 포함된다.

- 학력: 고등학교 졸업 이상의 학력을 요구하고 있다.
- 어학 능력: 영어 능력은 필수이며, 공인 영어 시험 점수를 요구하는 경우가 많으며 추가적인 외국어 능력은 우대 사항이 될 수 있다.

- 신체 조건: 장시간 서서 근무할 수 있는 체력과, 비상 장비를 다룰 수 있는 신체 능력을 요구한다.
- 신원 조회: 범죄 경력이 없어야 하며, 신원 조회를 통과해야 한다.

객실승무원이 갖추어야 할 핵심 자질

객실승무원은 단순한 서비스 제공자를 넘어, 승객의 안전과 편의를 책임지는 중요한 역할을 수행한다. 이를 위해 다음과 같은 자질이 요구된다.

1. 신체적 조건과 체력

- 장시간 비행 중 서서 근무할 수 있는 체력
- 비상 상황에서 신속하게 대응할 수 있는 신체 능력

2. 의사소통 능력

- 다양한 국적과 문화적 배경을 가진 승객과의 효과적인 소통 능력
- 명확하고 정확한 정보 전달 능력

3. 서비스 마인드

- 승객의 요구와 선호를 파악하고, 이에 맞는 서비스를 제공하는 능력
- 친절하고 상냥한 태도로 승객에게 긍정적인 경험을 제공

4. 스트레스 관리 능력

- 장시간 근무, 다양한 승객 요구, 돌발 상황 등으로 인한 심리적 압박을 스스로 관리할 수 있는 능력
- 긴장과 감정을 적절히 조절하여 긍정적인 마인드를 유지하며 업무에 몰입할 수 있는 태도

5. 전문성과 책임감

- 비상 상황에 대한 절차와 대응 방법에 대한 전문 지식
- 항공사의 브랜드 이미지를 대표하는 직업인으로서의 책임감

3. 객실승무원의 직급 체계

1) 항공기 운항 권한 및 책임

- 기장(PIC: Pilot-In-Command): 항공기 운항에 대한 최종 권한과 모든 탑승자의 안전 및 운항에 대한 총괄 책임을 가진다.
- 객실 사무장(Purser): 기내 안전과 서비스 전반에 대한 책임자로서, 객실승무원을 총괄하고 안전한 서비스 운영을 위한 관리 감독을 수행한다.

2) 객실승무원 직급별 임무

(1) 객실 사무장/선임 사무장/수석 사무장

- 객실 브리핑을 주관 및 서비스 방향 제시 및 정보 전달
- 객실승무원의 직급, 경력, 자격(Carrier Path)을 고려한 업무(duty) 배정
- 기내 안전점검 최종 확인 및 문제 상황 대응
- 항공기 입출항 관련 서류 관리
- 운항 승무원과의 협조 및 안전 정보 공유
- 해외 체류 시 객실승무원 관리 및 현지 지사와 연계

(2) 부사무장(Assistant Purser/AP)

- 일반 승무원 업무 및 기타 사무장으로부터 위임받은 업무 수행
- 이코노미 클래스(Economy Class) 서비스 진행 및 관리
- 일반 객실승무원 지도 및 위임 업무 수행
- 평상시 역할은 항공사별로 차이가 있음

(3) 객실승무원(Cabin Crew)

- 배정된 Duty Zone에서의 안전 업무 수행
- 승객 응대 및 기내 서비스

현지 승무원(Local Cabin Crew)

■ **개념**

- 국제선을 운항하는 항공사가 해외 지점(기점, 기지)에 채용 · 배치하는 객실승무원을 의미
- 기본적으로 현지 국가에서 채용하여 해당 국가의 공항에서 탑승/해당 노선 구간만 운항하고 다시 현지 기점에 돌아오는 방식으로 근무함

■ **주요 목적**

- 다국적 승객과의 원활한 의사소통(언어 · 문화 이해)
- 특정 노선의 서비스 품질 향상 및 지역별 고객 만족도 제고
- 장거리 노선 운영 시 효율적인 인력 운용(체류 비용 · 스케줄 운영 등 비용 절감)

■ **주요 특징**

- 언어 · 문화 전문성
- 해당 국가/지역 언어에 능통하여 승객과의 커뮤니케이션을 원활하게 함
- 지역 문화에 대한 이해도가 높아 서비스 만족도가 높음

■ **근무 형태**

- 주로 해당 지역을 출발해 모국(허브)으로 돌아오는 왕복 구간에서 근무

■ **기타**

- 현지승무원도 항공안전법 및 ICAO 기준에 따라 안전과 서비스 직무를 수행하며, 동일한 안전교육과 훈련을 받아야 함
- 'Local Crew', 'Foreign-based Cabin Crew' 등으로 불리기도 함

4. 객실승무원의 근무

객실승무원의 근무는 개인별로 부여되는 스케줄에 따라 이루어지는 것이 특징이다. 대부분 1개월 단위로 운항 스케줄, 항공기 기종, 노선 특성, 영업 수요, 개인별 누적 비행 시간 및 휴식 일수 등을 종합적으로 고려하여, 회사가 정한 일정에 따라 객실승무원 스케줄 운영 부서에서 편성 및 배포한다.

근무 유형은 항공기에 탑승하는 비행 근무(duty flight) 외에도,

- 공항 또는 자택 대기 근무(Stand-by)
- 정기 안전 · 서비스 교육 및 훈련(Recurrent Traning) 등을 포함한다.

또한, 국제선 장거리 노선 근무 시 일정에 따라 현지 체류(Lay over)가 발생하며, 그에 따른 휴식일 또한 승무원 스케줄에 포함되어 운영된다.

팀워크(Team Work)의 중요성

객실승무원 간의 팀워크(Team Work)는 동료 승무원뿐만 아니라 운항승무원, 지상조업 직원, 정비사 등 다양한 부서와의 협력 관계를 통해 안전하고 원활한 비행 환경을 조성하는 데 매우 중요하다. 국내 항공사들은 이를 위해 승무원자원관리(CRM: Crew Resource Management) 프로그램을 필수 교육에 포함하고 있다.

CRM은 효과적인 의사소통과 피드백, 팀워크(Teamwork) 강화, 그룹 내 문제 해결, 업무 분담의 효율화, 상황 인식의 공유 등 팀 조직의 협업 역량을 향상시키는 체계적인 훈련으로 구성되어 있다.

5. 객실승무원 교육 과정

1) 법정 교육(Regulatory Training)

국토교통부에서 정한 「항공안전법」 및 관련 고시에 따라 모든 항공사 객실승무원은 일정한 법정(법규) 교육을 반드시 이수해야 하며, 항공사 기준에 따라 추가적인 전문 훈련도 받게 된다.

구분	내용
초기 교육(Initial Training)	신입 객실승무원 대상
정기 교육(Recurrent Traning)	재직 중 연 1회 이상 필수(비상 탈출 훈련, 비상 착수 훈련 포함)

2) 교육 과정

교육	주요 내용
항공 보안/안전 훈련	– 항공법, 항공보안법 이해 – 기내 안전 장비 사용법 – 비상 탈출 절차 숙지 및 시뮬레이션 – 화재 진압 및 연기 대응 – 보안 위협 대응(납치, 무단 침입 등)
응급처치 훈련	– 심폐소생술(CPR), AED 사용법 – 기내에서 발생할 수 있는 주요 증상 대응 – 출산, 알레르기, 쇼크 등 특수 상황별 응급 대응

교육	주요 내용
비상 착수/생존 훈련	– 해상 착수 시 승객 대피 유도 – 구명복, 구명정 사용법 – 생존 장비 사용법 – 구조 신호 발신 및 구조 대기 요령
기종별 훈련	– 항공기별 도어 조작, 슬라이드 작동법 – 기종별 안전/비상 장비 위치와 사용법
기내 서비스 교육	– 서비스 순서 및 절차 이해 – 식음료 제공 요령 및 클래스별 차이 – 기내 방송 실습
고객 응대 교육	– 고객 유형별 응대 전략(불만, 요구, 특수 승객 등) – 커뮤니케이션 스킬 및 컴플레인 처리 – 문화적 다양성 이해
이미지 교육	– 유니폼 착용법, 단정한 용모 관리 – 메이크업, 헤어스타일, 자세 및 걸음걸이 – 첫인상과 비언어 커뮤니케이션

Chapter 02

항공기와 객실 구조의 이해

1. 항공기 구조

항공기의 구조에 대한 기본적인 이해는 객실승무원이 안전 업무와 서비스 업무를 효과적으로 수행하는 데 필수적이다. 객실승무원은 주로 기내(Cabin)에서 활동하지만, 항공기의 주요 구조와 구성 요소에 대한 이해를 바탕으로 비상 시 대응 및 승객 응대를 적절히 수행할 수 있어야 한다.

항공기의 주요 구조

구조	설명
동체(Fuselage)	승객과 화물이 탑승하는 공간으로, 객실과 화물칸이 포함된다. Narrow-body, Wide-body 등 기체 크기에 따라 분류된다.
날개(Wing)	양력을 발생시켜 항공기가 비행할 수 있도록 돕는 부분으로, 연료 탱크와 일부 기기의 장착 장소로도 사용된다.
수직 꼬리날개 (Vertical Stabilizer)	항공기의 좌우 방향을 안정되게 유지하도록 돕는다.
수평 꼬리날개 (Horizontal Stabilizer)	항공기의 상하 움직임을 안정화시키는 역할을 한다.
엔진(Engine)	추진력을 발생시키는 장치로 대부분 날개 하단에 장착되며, 기종에 따라 동체 후방에 위치하기도 한다.
랜딩기어 (Landing Gear)	공기의 이착륙 및 지상 주행을 위한 착륙 장치로, 주로 동체 하단과 날개 부근에 위치한다.

2. 객실 구조

항공기의 기내 공간은 일반적으로 객실(Cabin)이라 하며, 항공기 기종 및 도어(Door), 비상구(EXIT)의 위치에 따라 몇 개의 구역(Zone)으로 나뉜다. 객실의 구조는 안전 관리 및 기내 서비스 운영의 기준이 되며, 승무원 근무 배치의 기준으로도 활용된다.

- 객실(Cabin): 승객이 탑승하는 공간으로, 일반적으로 전방(Forward Cabin), 중간(Mid Cabin), 후방(Aft Cabin)으로 구분된다.
- 통로(Aisle): 좌석 사이를 따라 설치된 보행 공간으로, 1개(Aisle)인 경우 Narrow-body, 2개인 경우 Wide-body로 분류된다.
- Zone: 항공기 내부는 진행 방향을 기준으로 앞에서부터 A, B, C, D와 같은 알파벳으로 구분되며, 각 Zone은 도어 간의 공간을 의미한다.

또한 좌우 방향은 기내에서 바라볼 때 왼쪽은 L(Left) Side, 오른쪽은 R(Right) Side로 명시된다.

(예시)

A Zone: 기내 맨 앞 구역

B Zone: 앞쪽 도어와 다음 도어 사이

E Zone: 기내 후방 도어부터 꼬리 부분까지

※ 기종 및 항공사에 따라 Zone 명칭과 개수는 다를 수 있다.

3. 좌석(Class) 등급

항공사는 운임 및 서비스 수준에 따라 좌석을 여러 등급으로 구분하여 운영하고 있다. 대표적인 클래스는 일등석(First Class), 비즈니스석(Business Class), 일반석(Economy Class)이며, 항공사마다 명칭과 서비스 범위에 차이가 있다.

※ 대한항공: 비즈니스석 → Prestige Class

※ 저비용항공사(LCC): Mono Class(단일 클래스) 운영

1) 일등석(First Class)

일등석은 가장 높은 등급의 좌석으로, 일반적으로 항공기 앞쪽 혹은 복층 항공기의 2층에 위치한다.

넓은 좌석 간 간격과 독립적인 공간 설계로 최상의 프라이버시와 편안함을 제공한다.

- 180도 수평 침대형 좌석(Full Flat Bed)
- 최신형 개인 엔터테인먼트 시스템 및 터치스크린
- 고급 식음료 및 기내 바(Bar), 일부 기종은 샤워실 구비
- 프라이빗 캐빈 또는 스위트형 구조 제공

2) 비즈니스석(Business Class)

비즈니스석은 일등석 다음 등급으로, 항공기 중간부 또는 2층에 배치되며, 항공사에 따라 프리미엄 비즈니스석으로 운영되기도 한다.

- 부분 혹은 완전 수평 침대형 좌석(Partial/Full Flat)
- 개인 독립 공간 설계, 콘센트, 조명, 테이블 등 다양함
- 항공사 마케팅 전략에 따라 차별화된 브랜드명 사용
- 고급 식사 및 다양한 선택 메뉴 제공

3) 일반석(Economy Class)

일반석은 가장 많은 좌석 수를 차지하는 등급으로, 항공기 후방에 배치된다.

운임이 저렴한 대신 좌석 간 간격이 좁고 기본적인 서비스 중심으로 운영되지만, 최근에는 편의성을 강화한 프리미엄 이코노미(Premium Economy)를 도입하는 항공사도 있다.

- 좌석 간 간격: 약 78~81cm(항공사에 따라 상이)
- 등받이 각도 조절, USB 포트 등 탑재
- 대량 수송 중심이나 승객 편의 증대를 위한 개선 지속 중
- 일부 LCC는 이코노미 기준보다 좁은 간격 유지

4. 객실 시설(Cabin Facilities)

항공기 객실 내에는 승객의 편의 · 안전 · 서비스 제공을 위해 설치된 고정된 장비나 설비가 갖춰져 있으며 이는 소모품이 아니라 항공기 구조의 일부이거나 반복적으로 사용하는 고정 시설을 의미한다.

1) 좌석(Seat)

항공기의 좌석은 승객 좌석(Passenger Seat)과 승무원 좌석(Jump Seat)으로 구분된다.

(1) 승객 좌석(Passenger Seat)

승객 좌석은 항공사의 서비스 등급에 따라 일등석(First Class), 비즈니스석(Business Class), 일반석(Economy Class) 등으로 구분되며, 좌석 간 간격(Seat Pitch), 기능 및 설계에 차이가 있다.

좌석은 숫자(열 번호)와 영문 알파벳(좌석 번호)으로 표시되며, 다음의 구성 요소를 포함한다.

- Armrest(팔걸이), Footrest(발받침), Seatbelt(좌석 벨트)
- Tray Table(식사용 테이블), Seat Pocket(좌석 앞 주머니)
- Life Vest(구명복): 좌석 아래 또는 팔걸이 안쪽에 위치

일반석 외에도 다음과 같은 특별 좌석이 존재한다.

- 비상구 좌석(Exit Row Seat): 비상 탈출구(Exit Door 또는 Overwing Exit) 근처에 위치한 좌석으로, 비상구 좌석 승객은 비상 상황 시 승무원을 도와 승객의 탈출을 도와줘야 한다.

비상구 착석 제한 대상

- 유아 동반 승객
- 노약자, 임산부
- 장애인, 신체 제한이 있는 승객 등은 안전상 이유로 착석 불가

- Bulkhead Seat: 객실 내 구역을 구분하는 벽체(Bulkhead) 바로 뒤에 위치한 좌석으로, 일반적으로 앞 좌석이 없는 구조이기 때문에 다리 공간이 상대적으로 넓다.
  해당 좌석은 항공사에 따라 유아용 베시넷(Bassinet) 설치가 가능하며, 좌석 전면에 수납공간이 없기 때문에 기내 수하물은 반드시 상단 수납함에 보관해야 한다.

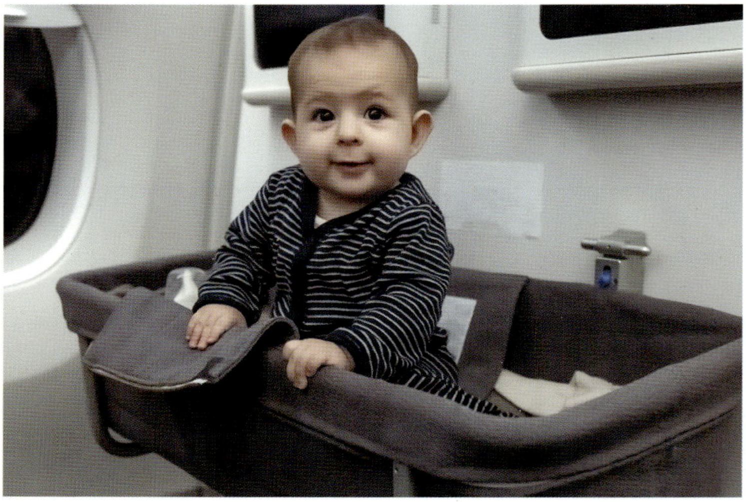

(2) 승무원 좌석(Jump Seat)

승무원 좌석은 주로 비상구 인근 및 갤리(Galley) 주변에 위치하며, 1~2명이 착석 가능한 구조로 되어 있다.

자동 접이식이며, 사용하지 않을 경우에는 Seat Belt 및 Shoulder Harness(어깨 고정 벨트)를 안쪽으로 정리하여 탈출 경로를 방해하지 않도록 유지해야 한다.

승무원 좌석 주변은 'Station'이라 하며 다음과 같은 설비가 갖추어져 있다.

- 비상장비: Life Vest, Flashlight, 소화기, 산소마스크 등
- 통신 장비: 인터폰(Interphone), Cabin Intercom
- 승무원 조작 패널(Attendant Panel): 객실 조명, 온도, 방송 시스템, 자동 안내방송, 탑승 음악 등을 조절할 수 있는 제어 장치

2) 수하물 선반(Overhead Bin)

승객 좌석의 상단에 설치된 수납 공간으로, 휴대 수하물이나 개인 물품을 보관할 수 있도록 설계되어 있다.

대부분의 현대식 항공기에서는 안전과 미관, 기내 공간 확보를 위해 덮개가 있는 밀폐형 형태를 기본으로 하며, 과거 일부 구형 항공기에서만 열린 선반형이 사용되었다.

수하물 보관 시 허용 가능한 크기와 중량은 항공사별 규정에 따르며, 기내 반입 제한 기준도 이에 포함된다.

3) 옷장(Coat Room/Closet)

항공기 내부에 설치된 폐쇄형 수납 공간으로, 주로 객실의 전방 또는 후방 벽면에 배치되어 있다. 이 공간은 다음과 같은 목적을 위해 사용된다.

- 퍼스트 또는 비즈니스 클래스 승객의 외투, 코트, 정장류 보관
- 객실승무원의 개인 장비 가방(Crew Bag), 기내 장비 보관
- 기내용품 적재

4) PSU(Passenger Service Unit)

각 승객이 좌석에 앉아 비행 중 사용할 수 있는 개별 서비스 장치로, 일반적으로 좌석 상단 또는 팔걸이 패널에 설치된 개별 제어 장치이다. 항공기 기종과 좌석 등급에 따라 구성에 약간의 차이가 있으나(최신 항공기 또는 비즈니스석 이상에서는 PSU 기능이 터치 패널이나 개인 모니터 리모컨에 통합되어 있기도 함), 일반적으로 다음과 같은 기능을 포함한다.

- 독서등(Reading Light): 독서나 개인 활동 시 조명 제공
- 승무원 호출 버튼(Call Button): 승무원에게 서비스 요청 시 사용
- 공기 조절구(Air Ventilation Nozzle): 머리 위로 송풍 조절 가능(일부 기종에 한함)
- 좌석 벨트/금연 사인(Seat Belt/No Smoking Sign): 조종실에서 제어
- 산소마스크(Oxygen Mask): 감압 시 자동 낙하하여 산소

5) 갤리(Galley)

갤리는 객실승무원이 기내에서 제공할 식음료를 보관, 준비, 제공하는 작업 공간으로, 일반적으로 객실의 전방 및 후방에 배치되어 있다. 항공기의 기종과 구조에 따라 중간(Mid Galley), 상부(Upper Deck), 하부(Lower Deck) 등에 추가

로 설치되기도 하며, 대형 기종에서는 객실 클래스별 서비스 동선을 고려해 분산 배치되기도 한다.

> Galley는 객실승무원만 출입할 수 있는 제한 구역이며, 안전하고 위생적인 작업 환경 유지가 필수적이다. 또한 항공사 매뉴얼에 따라 각 Galley별 물품 적재 위치와 수량, 사용 절차가 상세히 규정되어 있다.

항공편별로 사전에 적재된 기내식과 음료는 갤리에서 관리되며, 주요 설비는 다음과 같다.

(1) Oven(오븐)

사전 조리된 기내식을 데우는 용도로 사용하는 열 조리 장비로 모든 갤리 내에 기본적으로 설치된다.

① 사용 목적

기내에서 제공되는 식사를 적정 온도로 재가열하여 승객에게 제공

고체형 기내식 Tray 또는 알루미늄 Foil 용기에 담긴 메뉴를 일정 시간 동안 일정 온도로 데움

② 작동 및 안전관리

작동 전, 객실승무원은 전원, 온도 조절, 타이머 설정 상태를 확인해야 하며, 작동 중에는 과열 또는 연기 발생 여부를 주기적으로 점검해야 한다.

오븐 내부의 환풍기(Fan) 또는 히터 그릴에 이물질(종이, 포장재, 음식 찌꺼

기 등)이 끼어 있을 경우, 연기 또는 화재의 원인이 될 수 있으므로 철저한 사전 점검이 필요하다.

(2) Warming Oven(워밍 오븐)

Warming Oven은 기내에서 물품의 온도를 일정하게 유지하기 위한 저온 보온 장비로, 고온 조리를 위한 일반 Oven과는 구분된다.

주로 프리미엄 클래스(First/Business Class) 서비스에 사용되며, 식기류나 타월 등 특정 품목을 따뜻한 상태로 보관하기 위해 활용된다.

① 주요 용도

- Chinaware(도자기 식기류)의 온기 유지
- Hot Towel(온수 타월) 보관 및 서비스 전 온도 유지
- 따뜻한 음료 제공 전용 컵 또는 브레드류 보온 보관 등

② 특징

- 일정한 저온(보통 60~70도 내외)으로 온도를 유지하며, 고온 조리는 불가하다.
- 내부에는 고정형 선반 또는 Tray 삽입 구조가 있으며 일반 Oven보다 크기가 작고 공간 분할식으로 설계되는 경우가 많다.

(3) Coffee Maker(커피 메이커)

항공기 갤리(Galley) 내에서 커피를 추출하고 따뜻한 온도로 유지하는 전용 설비이다.

① 작동 방식

- Coffee Pillow 또는 Ground Coffee Pack을 전용 필터 트레이에 삽입
- Brew 버튼을 누르면, 온수가 자동으로 주입되어 커피가 추출됨
- 추출된 커피는 Pot(주전자)로 모아지며, 하부의 Warmer Plate(보온판)가

온도를 일정하게 유지
- 일부 기종은 온수만 추출 가능한 Hot Water 기능이 함께 내장됨

② 기본 구성

- Filter Holder: 커피 팩 또는 커피 필터 삽입용
- Brew Button: 커피 추출 작동 버튼
- Warmer Switch: 추출된 커피를 따뜻하게 유지하는 보온 기능
- Coffee Pot: 커피 저장 용기
- Indicator Light: 작동 여부 또는 에러 표시

③ 주의사항

- Brew 중에는 Pot 분리 금지(화상 또는 누수 위험)
- Water Supply 상태 확인 필수(물 부족 시 추출 실패 또는 기기 고장)
- 사용 후에는 커피 찌꺼기 제거 및 필터 세척, Pot 세척 후 물기 제거
- 기류나 이착륙 시에는 Pot 고정 상태 재확인 필요

(4) Water Boiler

항공기 갤리(Galley) 내에서 뜨거운 물을 공급하는 전용 설비로, 차(Tea), 커피, 컵라면, 스프 등의 온음료나 식음료 준비 시 필수적으로 사용된다. 작동 전 반드시 Air Bleeding 절차를 통해 내부 공기를 제거해야 한다.

이를 실시하지 않을 경우, 내부 공기 팽창으로 인해 뜨거운 물이 튀어 화상 위험이 발생할 수 있으므로, 기포가 없는 물이 나올 때까지 충분히 배출한 후 사용해야 한다.

① 주요 기능

- 지상 또는 비행 중 전원 공급을 통해 일정 온도로 물을 가열
- 온수는 승무원 조작에 따라 수동 레버 또는 버튼 방식으로 분사
- 일부 기종은 커피메이커와 결합된 구조로 설계됨

② Air Bleeding 절차

Air Bleeding은 Water Boiler 또는 Coffee Maker 사용 전, 내부 호스 및 탱크에 잔류한 공기를 제거하는 절차이다. 공기가 남아 있는 상태에서 장비를 작동할 경우, 고온의 물이 갑자기 분출되어 화상의 위험이 있다.

- 전원이 꺼진 상태에서 시작
- Water Boiler 또는 Coffee Maker의 급수 레버를 연 상태로 유지
- 기포가 섞이지 않은 물이 일정하게 나올 때까지 충분히 물을 방출
- 공기 제거가 완료되면 장비를 작동 가능 상태로 전환

(5) Refrigerator

기내에서 음료 및 일부 식재료를 냉장 보관하기 위한 설비로, 갤리 내부에 설치된다.

기내 온도 유지가 어려운 환경에서도 음료를 차갑게 보관하며, 필요시 드라이아이스를 함께 활용하여 냉각 효율을 높일 수 있다. 항공기 기종과 항공사 운영 방식에 따라 크기와 사양에는 차이가 있다.

① 기능 및 사용 목적

- 탄산음료, 주스, 우유, 생수 등 음료류의 냉장 보관
- 기내 식사 전 냉음료 제공을 위한 온도 유지 목적

② 운용 방식

- 전기식 냉각 방식으로, 지상 전력(Ground Power) 또는 비행 중 APU/엔진 전원에 의해 작동
- 냉각력이 약하거나 빠른 냉장이 필요할 경우, 드라이아이스(Dry Ice)를 함께 사용해 보조 냉각을 수행, 내부 온도는 일반적으로 2~8도 사이로 유지됨

③ 주의사항

- 음료는 넘치지 않도록 수평으로 정리하며, 문이 제대로 닫혔는지 확인 필요
- 드라이아이스 사용 시에는 밀폐 공간에서의 이산화탄소 농도 상승 주의, 사용 후에는 잔류 음료나 결로 수분 제거 등 위생 상태 유지 필수

(6) Chiller

항공기 갤리(Galley) 내에 설치되는 저온 보관 설비로, 기내식 또는 식재료의 품질 유지를 위해 일부 기종에 선택적으로 탑재된다.

이 장비들은 일반적인 Refrigerator(냉장고)보다 온도 관리 범위가 더 정밀하거나 더 낮은 온도 유지가 가능하며, 주로 대형 항공기(Wide-body Aircraft) 또는 장거리 국제선에서 운영된다.

① 특징

- 내장형(빌트인) 또는 모듈형 설계로 갤리 하부 또는 측면에 설치
- 온도 조절 장치 또는 디지털 표시 패널이 장착된 경우도 있음
- 냉기 순환이 제한적인 기내 환경에 맞춰 단열 및 내진 설계 적용
- 냉각력이 부족하거나 짧은 시간 내 냉각이 필요한 경우, 드라이아이스 보조 사용 가능

② 운용 및 주의사항

- 항공기 전원 연결 시 자동 작동하거나, 수동 전원 스위치로 작동
- 내부 적재 시 공기 흐름을 방해하지 않도록 적재물 간격 확보
- 항공사 매뉴얼에 따라 기내식 분류 및 탑재 위치 지침을 준수해야 함

(7) Cart

기내 서비스 중 식사, 음료, 면세품, 기타 용품 등을 승객에게 제공하기 위한 용도로 사용되며, 갤리에서 출발하여 객실을 순회하며 서비스를 제공한다.

각 카트는 기내 안전 확보를 위해 고정 장치와 브레이크가 필수이며, 용도에

따라 다양한 품목을 적재하도록 설계되어 있다.

Serving Cart

경량 알루미늄 합금 또는 내열 플라스틱 재질로 제작되어 4개의 회전 바퀴와 고정 브레이크, 양쪽 개폐형 도어, 내부 선반 및 적재 칸막이가 포함되어 있다. 기내에 별도의 보관 장소가 정해져 있어 비행이 종료된 경우에도 하기할 필요가 없다.

(8) Compartment 및 Stowage

항공기 객실 또는 갤리(Galley) 내에 설치된 수납 전용 공간으로, 기내 서비스 용품, 장비, 비품 등을 체계적으로 보관하기 위해 사용된다.

- Compartment: 갤리 또는 객실 벽면, 구조물 내부에 설치된 닫히는 형태의 고정 수납 공간
- Stowage: 좀 더 광범위한 개념으로, 수납 가능한 모든 고정 공간을 포함. 좌석 아래, 벽면, Jump Seat 주변 등 다양한 위치에 설치되어 있다.
- 서비스 용품이 담긴 컨테이너(Unit이라 부르기도 함)는 갤리 내의 전용 적재 공간(Compartment, Stowage)에 삽입하여 보관하며, 기체 흔들림이나 낙하를 방지하기 위해 및 래치(Latch)로 안전하게 고정된다.

(9) Drain

갤리에서 발생한 오수를 기체 외부로 배출하는 설비로, 객실과 외부 간의 압력차를 이용하여 작동한다.

순수한 물(Water) 또는 희석된 세척수만 배출해야 하며, 기름기, 찌꺼기 등

이물질은 배관 막힘의 원인이 되므로 배출이 금지되며, 지상 주기 중에는 Drain 사용을 제한해야 한다.

(10) Trash Bin/Trash Compactor(쓰레기통/쓰레기 압축기)

항공기 갤리에는 기본적으로 쓰레기통(Trash Bin)이 설치되어 있으며, 일부 기종에서는 폐기물의 부피를 줄이기 위한 Trash Compactor가 함께 장착되어 있다.

압축기 사용 시에는 적정 품목만 투입하고 작동 전후의 상태를 점검하여 기내 위생과 안전을 유지해야 한다.

6) 화장실(Lavatory)

항공기 내에 설치된 위생 시설로, 모든 여객기에서 금연 공간으로 지정되어 있다. 화장실의 수와 크기는 항공기 기종 및 운항 노선의 특성에 따라 상이하며, 일반적으로 공간은 협소하고 최소한의 기능 중심으로 설계되어 있다. 화장실 내부에는 위생 설비 외에도 기내용 위생 · 편의 비품을 보관하는 Compartment가 설치되어 있다. 이 공간에는 화장지, 물티슈, 손 소독제 등의 기본 비품 외에도 기저귀 커버, 청소용 소모품 등이 항공사 기준에 따라 비치되며, 일부 공간은 승무원 전용으로 관리된다.

■ 주요 설비 및 안전 장치

- Smoke Detector(연기 감지기): 기내 흡연 및 화재 예방을 위해 모든 화장실 천장에 설치됨
- Fire Extinguisher System(자동 소화 장치): 쓰레기통 내부에 열 감지 소화기가 내장되어 있음
- Oxygen Mask(산소마스크): 기내 감압 상황에 대비해 화장실 내에도 자동 낙하형 마스크가 장착됨
- Call Button(승무원 호출 버튼): 위급 상황 시 승무원 호출 가능

■ 다양화되는 화장실 형태

최근 항공사 및 항공기 제조사는 승객 편의와 포용성을 고려한 특화 화장실을 확대하고 있다.

- 유아 동반 전용 화장실: 기저귀 교환대, 넓은 내부 공간
- 여성 전용 화장실: 장거리 노선에서 프라이버시 제공

- 장애인용 화장실: 휠체어 진입 가능한 확장형 구조, 핸드레일 등 설치

7) Crew Rest Bunk

Crew Rest Bunk는 장거리 운항 시 승무원이 교대로 휴식을 취할 수 있도록 설계된 전용 휴식 공간으로, B747-400, B777, A330, A380 등에 설치되어 있으며 위치는 기종에 따라 다르다.

보통 6~8개의 2층 침대형 구조로 구성되며, 좌석 벨트, 독서등, 인터폰, 환기 및 온도 제어 시스템 등의 설비가 포함된다. 본 공간은 승객의 출입이 제한된 승무원 전용 공간이다.

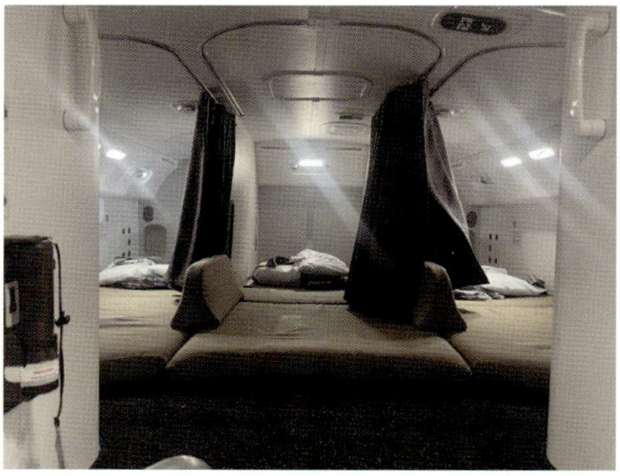

5. 객실 시스템(Cabin Systems)

승객의 편의와 안전을 위한 다양한 객실 시스템이 탑재되어 있다. 객실승무원은 각 시스템의 기능과 위치, 이상 발생 시 조치 방법에 대해 숙지하고 있어야 하며, 비행 전 점검과 비행 중 업무에 포함된다.

1) IFE(In-flight Entertainment)

승객이 비행 중에 이용할 수 있는 기내 오락 시스템으로, 개인별 좌석 모니터 또는 공용 스크린을 통해 영화, 음악, 게임, 항공기 정보 등을 제공한다.

IFE는 기종 및 항공사에 따라 장착 유무와 시스템 종류가 다르며, 주로 중·장거리 노선 또는 대형기(Wide-body Aircraft)에 장착된다.

- 개인 모니터
- 오디오/비디오 콘텐츠
- 리모컨 또는 터치스크린
- USB 포트 및 충전 단자

제공 기능: 영화, 음악, 게임, 기내 지도, 목적지 정보 등

승무원 점검사항: 작동 여부, 화면 오류, 오디오 이상 유무, INOP 여부 확인

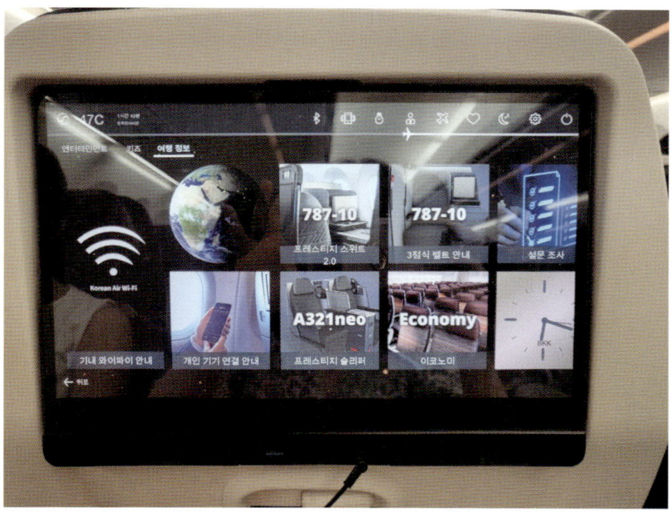

2) 인터폰(Interphone System)

객실승무원 간 또는 조종실과의 음성 통신을 가능하게 하는 장비로, 각 Station(승무원 좌석 또는 갤리 구역)에 설치된 Handset을 통해 내부 연락 및 비상 상황 시의 신속한 커뮤니케이션을 지원한다.

■ Handset(송수화기)

승무원은 통화하고자 하는 스테이션의 번호(Station Number)를 입력하여 연결을 시도한다.

호출 시 해당 Station에는 차임벨(Chime Bell)이 울리고, Master Call Display에 호출 신호가 시각적으로 표시된다.

Station Number

각 승무원 위치는 고유의 번호가 지정되어 있으며, 해당 번호 입력으로 통화 연결 가능

■ Master Call Display(Call Light System)

Master Call Display는 인터폰 호출 및 승객 호출을 시각적으로 표시하는 장치로, 각종 호출 유형을 색상으로 구분하여 표시한다.

이는 객실 내 주요 위치(Galley, Jump Seat 등)에 설치되며, Call Light System이라고도 한다.

- BLUE: 일반 승객 호출(좌석의 호출 버튼 작동 시)
- AMBER: 화장실 내부 호출 버튼 작동 시
- RED: 승무원 간 인터폰 호출 또는 조종실 호출

3) PA(Public Address) 시스템

- 기내 전 승객 및 승무원을 대상으로 음성 방송을 전달하는 시스템으로, 기내 안전 안내, 서비스 절차, 비상 상황 등 다양한 목적으로 사용된다.
- 방송은 객실 사무장(Purser), 방송 담당 승무원, 또는 조종실에서 실시할 수 있으며, 모든 방송은 실시간 송출된다.
- 승무원 좌석(Jump Seat) 또는 Galley Station에 있는 Handset 사용, Handset 탈착 후, 'Push To Talk(PTT)' 버튼을 누른 상태에서 방송한다. 종료 후 PTT 버튼에서 손을 떼면 방송이 종료된다.
- 자동 방송(Pre-recorded Announcement)

기종 및 항공사에 따라 기내 자동 방송 기능이 탑재되어 있으며, 사전 녹음된 멘트를 선택하여 재생이 가능하다.

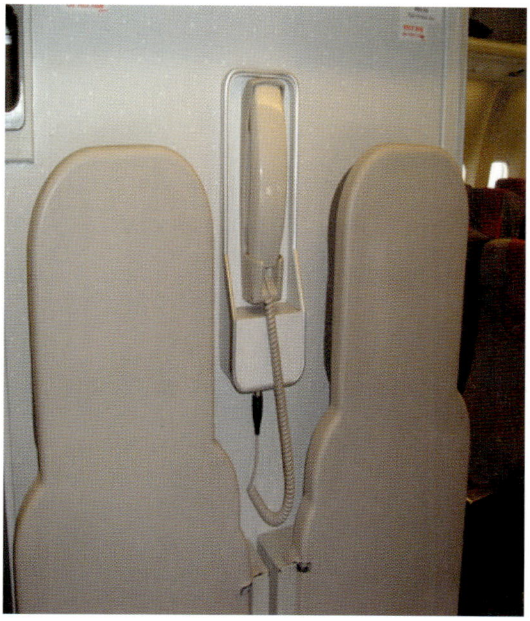

4) Cabin Lighting System(기내 조명 시스템)

객실 내 조명은 탑승 · 식사 · 휴식 · 비상상황에 따라 조절할 수 있으며, 다양한 분위기 연출과 시각적 안전을 지원한다. 단계별(night-dim-bright-full bright)로 조절하여 작동 유무를 확인한다.

5) 온도 및 환기 제어 시스템(Temperature & Ventilation Control)

항공기 객실의 온도 및 공기 흐름을 조절하여 승객의 쾌적한 환경을 유지하는 시스템이다.

6) Attendant(Control) Panel

승무원이 기내 각종 전자 시스템을 제어할 수 있는 통합 제어 장치로, 주로 갤리 및 Station에 설치되어 있다.

- 조명 제어
- 기내 온도 조절
- 기내 음악 또는 자동 방송 조작
- IFE 초기화 또는 일괄 재부팅

PART 2

기내 서비스 운영과 절차

학습목표

1. 객실 서비스의 개념과 특성을 이해하고 항공사 브랜드 이미지와 고객 만족과의 연관성을 설명할 수 있다.
2. 객실 서비스의 주요 구성 요소와 절차를 파악하고 기내 상황에 맞게 적절히 적용할 수 있다.
3. 서양식 기내식과 음료 서비스의 특징과 클래스별 차이를 이해하고 이를 실무에 맞게 운영할 수 있다.
4. 객실승무원으로서의 기본 매너와 응대 화법을 익혀 다양한 승객 상황에 공손하고 전문적으로 대응할 수 있다.

Chapter 03

객실 서비스의 이해와 구성요소

1. 객실 서비스의 개념과 특성

1) 객실 서비스의 개념

객실 서비스(Cabin Service)란 기내에서 승객에게 제공되는 탑승부터 하기까지의 전 여정 동안 객실 내에서 제공받는 모든 서비스 활동을 의미한다. 유형(기내식, 좌석, 설비 등)과 무형(응대, 배려, 감정 서비스 등)의 서비스를 총칭하며 이는 항공운송 과정의 마무리 단계에서 승객이 실제로 체감하는 대표적인 서비스로, 항공사의 브랜드 이미지와 고객 만족도에 결정적인 영향을 미친다.

특히 장시간 밀폐된 기내 환경에서 제공되는 객실 서비스는 승객의 안락함, 편의성, 감성 만족을 좌우하는 핵심 요소이며, 고객은 기내 경험을 통해 항공사의 전반적인 서비스 품질을 평가하게 된다.

2) 객실 서비스 특성

(1) 폐쇄적 공간에서의 제공

제한된 공간, 고도, 시간 내에서 이루어지는 서비스로, 정해진 자원 안에서 최대의 편의를 제공해야 한다.

(2) 동시성과 표준화된 절차 기반의 서비스

모든 서비스는 객실승무원이 제공하는 순간, 승객이 직접 경험함으로써 만족도가 바로 형성되기 때문에 일정 품질의 서비스를 제공하기 위해 매뉴얼의 절차와 흐름을 따른다.

(3) 상황 대응력과 유연성 요구

승객의 연령, 건강, 국적 등 다양한 변수에 따라 즉각적이고 융통성 있는 대처가 필요하다.

(4) 감정노동

장시간 비행, 다양한 승객 응대 상황 속에서도 일관된 친절성과 전문성 유지가 요구된다.

(5) 안전과 연결된 서비스

서비스의 전 과정이 기내 안전과 연계되므로, 객실승무원은 단순 서비스 제공자 이상으로 안전관리자 역할을 함께 수행한다.

(6) 항공사의 브랜드 이미지 결정 요소

승객이 최종적으로 경험하는 서비스로, 재이용 의사와 항공사 평가에 직접적 영향을 준다.

3) 객실 서비스의 구성 요소

객실 서비스는 단일 활동이 아닌, 여러 서비스 영역이 유기적으로 결합된 종합 서비스로 구성된다. 객실승무원은 이 구성 요소들을 이해하고 상황에 맞게 적절히 수행해야 하며, 각각의 요소는 항공사의 서비스 품질과 고객만족도에 직접적인 영향을 미친다.

주요 구성 요소

구성	내용
환영 및 탑승 (Welcoming Service)	승객 탑승 시 친절한 인사, 탑승권 확인, 좌석 안내 등 첫인상 형성 단계
편의 및 안전 안내 서비스 (Comfort & Safety)	좌석벨트, 수하물 수납, 이착륙 준비, Safety Demo 등 기내 안전 확보를 위한 설명 및 지원
기내식, 기내 음료 서비스	항공편 스케줄에 따라 식사, 간식, 음료 제공, 클래스별 메뉴 및 제공 방식 상이
기내 판매 서비스 (In-Flight Sales)	기내 면세품(Duty Free) 및 특화상품 판매, 고객 응대 및 상품 정보 제공
고객 응대 및 요청 처리 (Passenger Handling)	고객 요청사항 처리, 기내 환경 불편 해소, 아기용품 제공, 특수 승객 지원 등
문화적 배려 및 감성 서비스 (Cultural Sensitivity & Empathy)	다양한 국적의 고객을 대상으로 언어 · 문화 · 종교적 배려를 포함한 감성적 응대
하기 지원 및 배웅 (Farewell Service)	목적지 도착 후 승객 하차 유도, 유아 탑승객, 연결편 승객 안내 등 기내 여정의 마무리

2. 기내 서비스 운영과 매너

기내식 서비스는 서양식 코스를 기본으로 하고 있으며, 노선 특성에 맞는 현지 음식과 한국 고유의 한식을 함께 제공함으로써 다양한 승객의 입맛을 충족한다. 객실승무원은 메뉴별 구성과 특징을 이해하고, 안전하고 위생적인 서비스 수행과 동시에 메뉴별 문화적 배경과 올바른 이용 방법을 승객에게 충분히 설명·안내해야 한다.

1) 서양식 기내식의 이해

(1) 서양식 특성

- 코스별 제공(Course Service)
  서양식은 일반적으로 전채요리부터 디저트까지 순차적으로 코스를 나누어 제공된다.
- 맛의 흐름(Light–Heavy–Light)
  식사는 가벼운 맛으로 시작하여 풍미가 진한 주요리를 거쳐, 마지막에 소화를 돕는 달콤한 디저트로 마무리된다.
- 조화와 조율
  서양식 코스는 각 요리가 맛·향·온도·색·질감이 겹치지 않도록 조화를 이루고, 코스 간의 흐름이 자연스럽게 이어지도록 조율되어 제공된다.

(2) 서양식의 구성

구분	내용
뷔페(Buffet)	다양한 음식을 여러 그릇에 담아 놓고 승객이 원하는 만큼 선택해 덜어 먹는 형식
정식 메뉴(Table d'hôte)	코스와 가격이 정해져 있으며, 품질이 우수하고 고급스럽게 제공되는 형식
일품요리(À la Carte)	각 코스별로 다양한 메뉴 중 기호에 따라 선택할 수 있는 자유 선택 메뉴

(3) 서양식 디너 코스(Dinner Course)의 이해

① 전채요리(Appetizer/Hors d'oeuvre/Starter)

- 식사 순서에서 가장 먼저 제공되며 식욕을 촉진한다.
- 주요리와 재료가 중복되지 않도록 메뉴 선택이 중요하다.

대표 메뉴 예시

- 캐비어(Caviar): 철갑상어 알, 최고급 전채요리. 양파, 달걀, 레몬, 멜바 토스트와 곁들여 제공
- 푸아그라(Foie Gras): 거위 · 오리 간 요리. 트러플과 곁들이며 차갑게 서빙
- 스모크드 새먼(Smoked Salmon): 훈제 연어. 부드러운 식감과 은은한 풍미
- 카나페(Canapé): 빵조각 위에 다양한 재료를 올린 핑거푸드

그 외 스시, 해산물 등이 포함되기도 한다.

② 수프(Soup)

서양식에서 유일한 국물 요리로, 육류 · 해산물 · 야채 등을 고아 만든다.

빵(Bread)과 함께 제공되어 코스의 연결 고리를 만든다.

- Clear Soup(Consommé) 맑고 투명한 국물로, 주재료에 따라 이름이 달라진다.
- Thick Soup(Potage) 걸쭉한 국물로, 전분 함유로 농도가 있으며, 재료에 따라 다양한 이름이 사용된다.

③ 샐러드(Salad)

- 신선한 채소로 구성되어, 육류 중심의 요리를 중화한다.
- 드레싱과 함께 개인의 기호에 맞게 조절한다.

최상의 Salad 제공을 위한 '4C'

- Clean: 신선하고 청결한 재료 사용
- Cool: 차게 보관하여 신선도 유지
- Crispy: 아삭한 식감을 살릴 것
- Colorful: 다채로운 색으로 시각적 만족 제공

- '빵(Bread)'은 서양식 디너 코스에서 독립된 코스로 분류되지 않는다.
- 빵은 주로 식전 메뉴으로 제공되거나 Soup이나 Salad 코스와 함께 곁들여져, 일반적으로 디저트 코스 전까지 제공된다.
- 음식 고유의 맛을 즐길 수 있도록 입안을 정리해 주는 역할을 한다.

④ 주요리(Main Dish)

앙트레(Entrée)라고도 하며, 주로 Meat, Seafood, Poultry 등으로 구성된다.

전분류(Starch)와 야채류(Vegetables)를 함께 곁들여 제공한다.

(Main Dish는 단일 요리가 아니라 '완성된 플레이팅 코스'임)

국내 항공사는 승객의 기호를 반영하여 한식을 대표 주요리(Main Dish)로

제공하며, 일부 노선에서는 현지식(Local Cuisine)이 메인 메뉴로 운영되기도 한다.

⑤ 디저트(Dessert)

식사를 마무리하는 달콤한 코스, Sweet Dish를 중심으로 치즈(Cheese), 과일(Fruit)도 포함된다.

가. 치즈(Cheese)

치즈는 소 · 양 · 염소 등의 젖을 발효 · 응고시켜 만든 영양가 높은 발효 유제품으로, 고단백 식품으로서 풍부한 맛과 향을 가지고 있다.

치즈는 제조 지역, 숙성 기간, 원유 종류에 따라 다양한 종류로 구분되며, 전통 서양식 코스에서는 샐러드 이후 독립된 코스로 제공되거나 과일과 함께 디저트 플래터로 곁들여진다.

- 프랑스: Camembert, Roquefort, Brie 등
- 스위스: Emmenthal, Gruyere
- 이탈리아: Gorgonzola, Parmesan
- 네덜란드: Edam, Gouda
- 영국: Cheddar, Stilton

나. 과일

신선한 단맛으로 입가심 역할을 하며 제철 과일이 제공된다.

항공사 기내식에서 제공되는 과일은 신선도 유지가 용이하고, 쉽게 손질할 수 있으며 먹기 간편한 품종이 주로 선택된다. 과일은 코스의 마지막에 제공되어 입안을 상쾌하게 정리하고 소화를 돕는 역할을 한다.

다. 스윗 디시(Sweet Dish)

달콤한 맛과 화려한 색감으로 만족감을 높이며, 입안을 깔끔히 마무리해 식사를 완성한다.

Ice cream, Gateau, Pie, Jelly, Pudding, Sherbet, Petits Fours 등

⑥ 커피와 차(Coffee & Tea)

서양식 코스에서 식사의 마지막에 제공되어 입안을 정리하고 식사를 마무리하는 역할을 한다.

기내식 제공 방식: 클래스별 차이

- **이코노미 클래스: 트레이 서비스(Tray Service)**
  - 이코노미 클래스에서는 기본 코스가 하나의 트레이에 미리 세팅되어 제공된다.
  - 메인 디시(Main Dish), 브레드(Bread), 샐러드(Salad), 디저트(Dessert), 음료 등을 한 번에 제공하여 효율성을 높인다.
  - 장거리 노선이라도 개별 코스별로 순차 제공하지 않고, 트레이에 모든 메뉴를 한 번에 배식한다.
  - 이는 제한된 공간과 인원, 제한된 시간에서 다수 승객에게 신속하고 동일 품질의 서비스를 제공하기 위함이다.

- **비즈니스 클래스 & 퍼스트 클래스: 풀 코스 서비스(Full Course Service)**
  - 퍼스트(First)와 비즈니스(Business) 클래스는 승객 1:1 맞춤 서비스에 가까운 코스별 순차 제공이 원칙이다.
  - 메뉴 선택권과 코스의 완성도가 이코노미보다 훨씬 다양하다.

(4) 서양식 아침식사(Breakfast)의 이해

서양의 아침식사는 나라마다 식문화에 차이가 있으며, 기본적으로는 가볍고 단순한 Continental Breakfast부터 메뉴가 다양한 American Breakfast까지 여러 형태로 발전하였다.

- 영국식: 생선 프라이, 홍차 중심의 전통적인 중후한 아침
- 프랑스식: 빵과 카페오레(커피+우유)로 간단하게 구성
- 미국식: 과일 주스, 시리얼, 달걀 요리, 그릴 요리까지 포함된 풍성한 형태

① 콘티넨탈 브렉퍼스트(Continental Breakfast)

- 유럽(영국 제외) 지역에서 전통적으로 발전한 간단한 형태의 서양식 아침식사를 말한다.
  따뜻한 요리를 거의 포함하지 않고 빵과 음료 위주로 가볍게 먹는 것이 특징이다.
  부족하다 싶으면 A la Carte(일품요리) 메뉴를 추가 주문하기도 한다.
- 구성요소
  - 빵류(Bread & Pastry): 크루아상(Croissant), 롤(Roll), 토스트(Toast), 머핀(Muffin), 대니시 페이스트리(Danish Pastry) 등
  - 버터 & 잼: 버터, 마멀레이드, 과일잼 등을 곁들임
  - 음료(Beverage): 커피(Coffee), 홍차(Tea), 카페오레(Café au lait) 등
  - 과일주스(Fruit Juice): 오렌지주스, 애플주스 등 신선한 주스 선택 가능

② 아메리칸 브렉퍼스트(American Breakfast)

- American Breakfast는 미국식 전통 조식으로, Continental Breakfast에 비해 훨씬 다양한 메뉴와 따뜻한 요리가 포함된 풍성한 아침식사를 의미한다.
  호텔, 레스토랑뿐만 아니라 항공사 장거리 노선 기내식에서도 가장 많이 활용되는 표준화된 서양식 조식 형태이다.
- 구성요소
  - 과일주스(Fruit Juice): 오렌지 주스, 애플 주스, 토마토 주스 등 신선한 주스
  - 시리얼(Cereal) & 요거트(Yoghurt): 콘플레이크 등 시리얼과 우유, 플레인 요거트나 과일 요거트
  - 조식 빵(Breakfast Bread): 크루아상(Croissant), 토스트(Toast & Jam), 머핀(Muffin), 브리오쉬(Brioche) 등
  - 계란 요리(Egg Dish): 오믈렛(Omelette), 스크램블(Scrambled Eggs), 프라이드에그(Fried Egg), 삶은 달걀(Boiled Egg) 등
  - 그릴 요리(Mixed Grill): 베이컨(Bacon), 햄(Ham), 소시지(Sausage) 등
  - Starch & Vegetables: 해시브라운(Hash Brown Potato), 토마토, 버섯, 파프리카 등
  - 기타: 팬케이크(Pancake), 와플(Waffle), 프렌치 토스트(French Toast) 등 선택 제공
  - 음료(Beverage): 커피(Coffee), 홍차(Tea), 핫초코 등

English Breakfast(잉글리시 브렉퍼스트)

English Breakfast는 영국의 전통적인 풀코스 조식으로 빵과 음료만으로 간단히 먹는 Continental Breakfast와 달리 다양한 단백질, 곡물, 채소 등을 곁들여 양과 종류가 풍부한 아침 식사이다.

2) 기내 음료 서비스의 이해(In-flight Beverage Service)

음료(Beverage)란 알코올 음료(Alcoholic Beverage)와 비알코올 음료(Non-alcoholic Beverage)를 모두 포함한다. 서양 음료는 음식의 풍미를 더욱 돋워 주고 식사를 완성시키는 역할을 하며, 최근에는 음식에 어울리는 전통주 등 페어링(pairing) 문화가 발달하고 있다.

(1) 알코올 음료(Alcoholic Beverage)

알코올 음료는 알코올 성분이 함유된 모든 술을 의미하며, 제조법과 식사와의 관계에 따라 다양한 분류가 존재한다.

가. 제조법에 따른 분류

분류	설명
양조주(Fermented)	곡물 · 과일의 당분을 발효하여 만든 술로 와인, 맥주, 청주, 막걸리 등이 해당된다.
증류주(Distilled)	양조주를 증류하여 알코올 농도를 높인 술로 위스키, 보드카, 브랜디 등이 해당된다.
혼성주(Compounded/Flavored)	증류주에 과즙, 향료, 당분 등을 첨가해 향미를 강화한 것으로 리큐어, 진(Gin) 등이 포함된다.

나. 식사에 따른 분류

분류	특징
식전주(Aperitif)	식욕 촉진용. 소량의 알코올과 쓴맛 · 산미 강조. 샴페인, 쉐리, 칵테일 등
식중주(During Meal Drink)	코스 중 입맛 정리 · 소화 도움을 줌. 와인, 맥주 등
식후주(After Meal Drink)	소화를 돕고 여운을 남김. 브랜디, 리큐어 등

(2) 주류별 특성

① 와인(Wine)

가. 특징

와인은 포도를 자연 발효하여 만든 천연 과실주로, 물을 전혀 첨가하지 않는다.

숙성 과정에서 유기산 · 비타민 · 미네랄 성분이 살아 있어 건강 주류로도 알려져 있다.

제조 방법과 포도의 품종 · 생산지 · 숙성 기간에 따라 맛과 향이 크게 달라진다.

나. 색에 따른 분류

- 화이트 와인: 청포도로 양조. 산뜻하고 가벼운 맛
- 레드 와인: 적포도 껍질 · 씨까지 발효. 타닌감과 묵직한 맛
- 로제 와인: 붉은 포도로 색을 적게 우려낸 중간 단계. 가벼움과 부드러움
- 스파클링 와인: 2차 발효로 탄산을 함유. 샴페인이 대표
- 강화 와인(Fortified Wine): 알코올 도수를 높여 향미와 보존성을 강화. 포트(Port), 셰리(Sherry) 등

Wine Breathing

와인을 미리 개봉하여 공기(산소)와 접촉시켜 향미(아로마)와 맛(풍미)을 부드럽게 되살리는 과정을 말한다. 특히 레드 와인은 병입 후에도 숙성이 진행되므로, 병 속에서 갇혀 있던 거친 향과 맛을 공기 중 산소와 접촉시켜 숨을 쉬게 함으로써 풍부한 향과 부드러운 맛으로 변화된다.

▣ 레드 와인: 숙성이 길수록 브리딩 시간이 길어짐(30분~2시간 전 오픈)

▣ 화이트 와인: 비교적 숙성이 짧고 산도가 높아 Breathing 필요가 적지만 오크 숙성된 화이트는 짧게(10~30분) Breathing하기도 함

▣ 스파클링 와인: 탄산이 날아가므로 Breathing하지 않음

② 맥주(Beer)

가. 특징

맥주는 맥아 · 보리 · 홉을 주원료로 발효한 가장 대중적인 청량 발효주이다. 알코올 도수는 보통 4~6도로 낮다.

나. 발효 형태에 따른 분류

- 하면 발효(Bottom Fermentation)

  저온(5~13℃)에서 발효. 효모가 발효 후 맥주 바닥에 가라앉으며 깨끗하고 청량한 맛이 특징이다. 전 세계 생산량의 대부분이 해당된다.

  Pilsner, Munich Lager

- 상면 발효(Top Fermentation)

  비교적 고온(15~25℃)에서 발효. 효모가 발효 후 위에 떠오르며 풍부한 과일향과 쌉쌀한 맛이 특징이다.

  Ale, Stout, Porter, IPA

③ 위스키(Whisky)

가. 특징

- 위스키는 곡물을 발효 · 증류한 후 오크통에서 장기간 숙성하여 깊은 향과 풍미를 만든 증류주
- 고대 켈트어 'Usky(생명의 물)'에서 유래
- 'Whisky'는 스코틀랜드 · 캐나다, 'Whiskey'는 미국 · 아일랜드에서 표기

나. 종류

- 스카치 위스키(Scotch Whisky)

  스코틀랜드산. 몰트, 그레인, 블렌디드로 나뉨. 스모키한 향이 특징

- 아이리시 위스키(Irish Whiskey)

  아일랜드산. 무연탄으로 건조해 스모키 향이 덜하고 부드러움

- 아메리칸 위스키(American Whiskey)

  미국산. 옥수수 원료 Bourbon(버번) 위스키가 대표적

- 캐나디안 위스키(Canadian Whisky)

  호밀과 옥수수 혼합. 깨끗하고 경쾌한 맛

④ 브랜디(Brandy)

와인을 증류해 만든 술로 오크통 숙성으로 호박색과 풍부한 향이 특징이다. 포도를 원료로 하지만 사과 브랜디(Calvados), 체리 브랜디(Kirsch) 등 다양한 종류도 있다.

브랜디는 숙성시간을 표시하는 것으로 유명하지만, 회사별로 그 의미가 같지는 않다. 숙성기간이 길수록 품질이 우수하다. 식후주로 적합하며 프랑스 코냑(Cognac)이 유명하다.

코냑(Cognac)과 브랜디(Brandy)와의 관계

프랑스 코냑(Cognac) 지방에서 만든 브랜디만 법적으로 'Cognac'이라 부른다.
즉, 코냑은 수많은 브랜디 중 한 종류이자 최고급 브랜디로 인정된다. 하지만 코냑이 워낙 유명하다 보니 코냑이라는 이름이 일반 브랜디의 통칭으로 사용되기도 한다.

⑤ 기타 증류주

- 보드카(Vodka): 러시아 국민주, 무색 · 무취로 칵테일에 널리 사용
- 진(Gin): Juniper berry로 향 부여, 드라이 마티니 · 진 피즈 등의 칵테일의 베이스로 사용
- 럼(Rum): 사탕수수 원료, 칵테일로 다양하게 활용

⑥ 리큐어(Liqueur)

가. 특징

증류주에 향료와 당분 등을 혼합한 혼성주(Compounded Spirit)의 일종으로, 기내에서는 고객의 다양한 음주 기호를 충족하고 식후주 또는 칵테일 재료로 활용하기 위해 탑재된다.

나. 종류

- Baileys Irish Cream(크림 리큐어)
- Kahlua/Tia Maria(커피 리큐어)
- Cointreau(Triple Sec 계열 오렌지 리큐어)
- Drambuie(허니 허브 위스키 리큐어)
- Grand Marnier(코냑 베이스 오렌지 리큐어)

⑦ 칵테일(Cocktail)

가. 특징

칵테일은 두 가지 이상의 술 또는 술과 비알코올 음료를 혼합해 만든 혼성 음료로 맛 · 향 · 색의 조화를 통해 미각과 시각을 모두 만족시키는 음료이다.

칵테일은 식욕을 돋우거나 식사를 돋보이게 하며, 가벼운 대화와 휴식을 위한 사교 음료(Social Drink)로 제공된다.

나. 칵테일의 기본 구성요소

- 베이스(Base)

  칵테일 제조시 기본이 되는 주류(Whisky, Gin, Vodka 등)

- 믹서(Mixer)

  기본이 되는 주류와 혼합하는 음료를 말한다. 주스, 탄산수, 시럽 등이 해당된다.

- 가니시(Garnish)

  칵테일의 맛을 더하거나 돋보일 수 있도록 장식하는 재료로 Lemon Slice, Cherry, Olive 등이 있다.

다. Cocktail Chart

NAME	ICE	BASE	MIXER	GARNISH	MIXING
Manhattan	○/X	Bourbon whisky 1.5 oz	Sweet vermouth 0.7 oz	Cherry	Straight로 주문 시는 글라스에 Strain 한다.
Whisky sour	X	Blended whisky 1 oz	Lemon/J 0.3 oz	Lemon/s Cherry	설탕 1티스푼을 넣고 잘 저은 후, 얼음을 넣고 와인 글라스에 Strain 한다.
Gin fizz	○	Gin 1 oz	Lemon/J 0.3 oz Soda water	Lemon/s	설탕 1티스푼을 넣고 잘 저은 후, 얼음 3~4개를 넣은 글라스에 Strain 한 후 소다수를 채운다.
Gin tonic	○	Gin 1 oz	Tonic	Lemon/s	Stir
Martini	○/X	Gin 1.5 oz	Dry vermouth 0.7 oz	Olive	Dry로 주문 시는 Gin양을 늘리고 와인 글라스에 Strain 한다.
Orange blossom	○	Gin 1.5 oz	Orange/J 1.5 oz	–	설탕 1/2티스푼을 넣고 잘 저은 후 얼음을 넣고 와인 글라스에 Strain 한다.
Tom collins	○	Gin 1.5 oz	Lemon/J 0.3 oz Soda water	Lemon/s Cherry	설탕 1티스푼을 넣고 잘 저은 후, 얼음 3~4개를 넣은 글라스에 Strain 한 후 소다수를 채운다.
Blood mary	○	Vodka 1 oz	Tomato/J	Lemon/s	Worcestershire sauce와 Hot sauce 2~3방울을 떨어뜨린 후 소금, 후추를 첨가하여 Strain 한다.
Screw driver	○	Vodka 1 oz	orange/J	Orange/S	Stir
Kir royal	X	Champagne 8 Tea spoon	Creme de cassis 1 Tea spoon	–	Creme de cassis와 Champagne을 1:8의 비율로 채운다.
Buck fizz	X	Champagne 2.5 oz	Orange/J 2.5 oz	Orange/S	Orange/J를 먼저 넣고 Champagne로 채운다.

(J: Juice, S: Slice)

라. 칵테일 서비스 용어

용어	설명
Straight(스트레이트)	얼음이나 첨가물 없이 순수 원액만 마시는 것. 위스키, 브랜디 등을 깔끔하게 즐길 때 사용
On the Rocks(온더락)	얼음을 넣은 잔에 원액을 부어 시원하게 마시는 방법
Chaser(체이서)	스트레이트나 독한 술을 마신 뒤 입가심으로 마시는 음료. 물, 우유 등이 대표적
Seasoning(시즈닝)	칵테일에 향이나 맛을 더하기 위해 타바스코, 우스터 소스 등을 소량 넣는 것
Strain(스트레인)	셰이커나 믹싱글라스에서 칵테일을 얼음과 분리해 걸러 따르는 과정
Stir(스터)	바 스푼으로 재료를 조용히 휘저어 섞는 방법. 보통 맑고 섬세한 칵테일에 사용

(3) 비알코올 음료(Non-Alcoholic Beverage)

알코올이 함유되지 않은 음료를 말한다. 기내에 제공되는 비알코올 음료의 종류는 다음과 같다.

가. 생수, 우유

나. 청량 음료(Soft Drink)

Coke, Sprite, Tonic Water, Ginger Ale

다. 주스(Juice)

Orange, Apple, Tomato, Pineapple, Guava 등

라. Hot Beverage

Regular Coffee, Decaf, Green Tea, Black Tea 등

Chapter

04 객실 서비스 기본 매너

1. 승객 응대의 기본 자세

1) 긍정적 태도

객실승무원은 항상 밝고 친절한 태도로 승객을 대하며, 서비스 상황에 따라 유연하게 표정과 언어를 조절한다.

2) 단정한 용모

복장과 용모는 항공사 기준에 부합해야 하며, 위생적이고 깔끔한 이미지를 유지한다.

3) 즉각적이고 신속한 응대

승객의 요구나 요청에 신속히 대응하고, 필요할 경우 선제적으로 상황을 파악하여 해결한다.

4) 공손한 언어 사용

언어는 승객에 대한 존중과 배려를 바탕으로 품격 있는 표현과 올바른 경어를 사용하며, 문화적 · 종교적 차이를 이해하고 상황에 맞게 적절한 언어와 톤을 구사한다.

2. 기내 서비스 대화법

기내에서 객실승무원은 승객과 직접 대면하며 다양한 상황에 적합한 언어와 화법을 사용해야 한다.

정중하고 공손한 표현은 승무원의 전문성을 높이고, 승객이 느끼는 신뢰와 만족도를 크게 향상시킨다.

특히 국적 · 문화 · 상황에 따라 어투와 경어 사용을 적절히 조절하는 것이 중요하며, 상황에 맞는 인사, 응대, 사과, 배려 표현 등을 정확히 구사해야 한다.

항목	내용
Greeting(인사)	승객 탑승 시부터 웃는 얼굴로 반갑게 인사, 신뢰감 향상
Attending(응대)	승객의 요구나 불만은 끝까지 경청하고 필요한 경우 동료와 협력하여 처리
Polite Phrases(정중 표현)	"~해 드릴까요?", "죄송합니다", "잠시만 기다려 주세요" 등 공손한 표현 사용(쿠션화법, 청유형 활용)
문화적 배려	외국인 승객의 문화 · 종교적 배경을 존중하고 표현과 행동을 주의

"좌석 안내 도와드리겠습니다."(×)

"좌석 안내 도와드리겠습니다."는 잘못된 표현이다. '돕다'는 사람의 행위가 잘되도록 거들거나 힘을 보탤 때 사용하는 말이다. 따라서 사람의 행동을 도울 때 사용해야 적절한 표현이다. 그러므로 "좌석을 안내해 드리겠습니다.", "좌석을 안내해 드릴까요?"가 올바른 표현이다.

3. 기내 식음료 서비스 기본 원칙

1) 기본 원칙

(1) 위생 관리

- 서비스 전후 손 위생과 장비 청결 상태를 철저히 점검
- 갤리 · Cart · 식기류 청결 유지와 보관 온도 준수

(2) 안전한 제공

- 카트 이동 시 통로의 안전 확보와 속도 조절
- 음료 · 식기류 제공 시 쏟아짐 방지
- Hot Beverage 제공 시 화상 사고 주의

(3) 적정 온도 유지

- 찬 음료는 충분히 Chilling, 따뜻한 음식은 적정 온도 유지

(4) 세심한 관찰과 리필

- 승객의 식사 속도, 음료잔 상태를 살펴 필요시 자연스럽게 리필 제안
- 식사 중 불편 사항은 즉시 파악해 처리

(5) 감사와 배려 표현

- 식사 · 음료 서비스 후 간단한 감사 인사로 긍정적 인상 전달

2) 기본 자세와 동작

객실승무원은 탑승부터 하기까지 모든 순간 승객에게 전문적이고 신뢰감 있는 이미지를 전달해야 한다. 이를 위해 올바른 기본 자세와 동작을 유지하고 상황에 따라 적절한 표정과 언어를 사용한다.

(1) 표정

- 밝고 자연스러운 미소를 유지한다.
- 상황에 맞는 표정으로 신뢰감과 안정감을 준다.

(2) 인사

- 시선은 승객의 눈높이에 맞추어 자연스럽게 맞춘다.
- 탑승 시, 서비스 제공 시, 하기 시 기본 인사와 감사 인사를 명확히 한다.

(3) 시선 처리

- 승객과 대화 시 시선을 피하지 않고 자연스럽게 마주친다.
- 여러 승객이 함께 있을 경우 시선을 분산해 골고루 배려한다.

(4) 서 있는 자세와 방향 지시

- 갤리, 통로 등 좁은 공간에서도 몸의 각도를 승객 쪽으로 돌려서 응대한다.
- 좌석이나 화장실 등 방향을 안내할 때는 손바닥이 위로 향하게끔 자연스럽게 가리킨다.
- 지시 동작은 짧고 명확하게 한다.

3) 서비스 기물 취급 요령

(1) 트레이(Tray)

- 미끄럼 방지를 위해 트레이 매트(Tray Mat)를 반드시 깐다.
- 무게 중심을 맞춰 균형 있게 배치한다.
- 트레이는 긴 쪽이 통로와 평행이 되도록 하고 가슴과 수평이 되도록 한다.
- 트레이를 승객 쪽으로 직접 향하지 않고 사선 방향으로 유지하며 승객 머리 위로 넘기지 않는다.
- 회수 시에는 트레이의 위치가 항상 통로 쪽에 위치하도록 한다.

(2) 카트(Cart)

- 사용 전 브레이크(Stopper) 정상 작동 여부를 반드시 확인한다.
- 카트를 취급할 때는 항상 안정감 있게 두 손으로 잡고, 통로(Asile)를 지날 때는 승객에게 모서리가 닿지 않도록 주의한다.
- 카트를 두고 자리를 비우거나 방치해서는 안 된다.
- 카트 하단에 있는 내용물을 꺼낼 때는 무릎을 굽혀 자세를 낮추어 허리에 무리가 가지 않도록 한다.
- 카트의 진행 방향에 위치하여 이동하며 서비스할 때는 반드시 카트의 붉은색 브레이크 페달을 눌러 고정한다.
- 이동 시에는 녹색 페달을 눌러 브레이크를 해제한다.
- 카트를 이동 · 취급할 때는 충돌이나 큰 소음이 발생하지 않도록 주의한다.

- 사용 후 갤리 내 지정된 위치에 반납 · 고정한다.

(3) 바스켓(Basket)

- 빵/스낵/과일 등은 승객이 쉽게 선택할 수 있도록 기울여 보여 준다.
- 바스켓 천/커버(Linen)는 청결 상태를 수시로 확인하고 얼룩이나 부스러기는 즉시 제거한다.
- 내용물이 바닥에 닿지 않도록 주의하며, 승객이 직접 손을 넣지 않도록 필요한 경우 승무원이 꺼내 준다.
- 서비스시 Tong은 바스켓 아래에 두고, 바스켓은 바닥에 내려놓지 않는다.

(4) 컵(Cup)

- 립 부분(입 닿는 부분)은 직접 만지지 않는다.
- 음료 제공 시 잔 아랫부분을 받쳐 안정적으로 전달한다.

(5) 기타 기물

- Ice Tong, Serving Spoon, Ice Pick 등 갤리에서 사용하는 기물은 사용 전 · 후 청결 상태를 반드시 확인한다.
- 기물은 서로 부딪히거나 소리가 나지 않도록 조심스럽게 다룬다.
- 서빙용 기물은 손잡이 부분만 잡는다(입이 닿는 부분, 음식이 닿는 부분에 닿지 않도록 주의한다).
- 사용 후 깨끗이 하여 제자리에 보관한다.

4) 식음료 서비스 기본 원칙

- 승객의 얼굴을 보고 밝게 미소 짓는다.
- 트레이를 들거나 음료를 따를 때 시선을 잠시라도 승객에게 맞추어 자연스러운 신뢰감을 준다.
- 여러 승객이 있을 때는 시선을 한 사람에게 고정하지 않고 골고루 배분해 모두가 배려받는 느낌을 준다.
- 모든 음료 서비스는 트레이 없이 제공할 때는 반드시 Cocktail Napkin을 받친다.
- 기내식/음료 제공 시에는 창측(창가) 승객부터 시작하며, 회수는 통로측 승객부터 시작한다.
  (단, 경우에 따라 여자 승객, 어린이 승객, 노인 승객의 경우 먼저 주문받고 서비스하거나 회수할 수 있다).
- 불편이나 요청 상황에는 표정을 부드럽게 하고 즉시 해결 의지를 보여준다.

PART 3

기내 절차와 실무 (항공기 객실승무원의 업무절차)

학습목표

1. 객실승무원의 근무의 특성에 대해 설명할 수 있다.
2. 객실 브리핑에 참석하여 브리핑 내용을 이해할 수 있다.
3. Duty code를 해석할 수 있다.

Chapter 05

International Flight Service 실무

1. 비행 준비 절차

객실승무원은 비행 전날, 다음 날 진행될 비행에 대비해 철저한 사전 준비를 수행해야 한다. 이 과정은 단순히 개인의 업무 준비를 넘어, 전 승무원 간의 원활한 협업과 탑승객에게 제공되는 서비스의 질적 수준을 결정짓는 중요한 절차이다.

출발 1일 전

1) 스케줄 확인

운항 시간, 출발지 및 도착지, 브리핑 장소와 시간, 동승 승무원 명단 등의 세부 내용을 사전에 확인하여, 다음 날 일정에 차질이 없도록 준비한다. 회사의 인트라넷 또는 승무원 전용 모바일 애플리케이션을 통해 실시간으로 정보를 확인하며, 변경사항이 있을 경우 신속히 대응해야 한다.

국제선 객실승무원은 개인별로 부여되는 월간 스케줄(Monthly Individual Schedule)에 따라 유동적인 근무가 이루어진다. 이 스케줄은 매월 특정일에 배정되며, 배정 기준에는 해당 도시의 운항 계획, 항공기 운항 스케줄, 노선 운영의 평준화 등이 반영된다.

스케줄표에는 비행 일정뿐 아니라 지상 대기, 공항 대기, 교육 참여, 휴가 등 다양한 형태의 근무가 기호로 표시된다. 예를 들어, 'RF'는 특정 시간 동안 비행 대기를 유지해야 하는 상태를 의미하며, 'DO'는 일반적인 휴무를 나타낸다. 'ATDO'는 자동으로 주어지는 휴일을 뜻하고, 'LO'는 비행 후 체류 일정인 상태를 의미한다. 승무원은 이를 기반으로 자신의 근무 계획을 사전에 숙지하고 준비를 시작해야 한다.

2024.09

S	M	T	W	T	F	S
1 ATDO	2 TF	3 TF	4 PDO	5 KE0135/KE0053 KE0136	6 LO	7 LO
8 LO KE0054	9 KE0054	10 ATDO	11 ATDO	12	13 KE0187 KE0188	14 YVC
15 KE0869 KE0870	16 KE0695 LO	17 LO	18 LO KE0696	19 KE0696	20 ATDO	21 KE0035 LO
22 LO	23 LO KE0036	24 KE0036	25 ATDO	26 ATDO	27 KE0487 LO	28 LO
29 KE0488	30 ATDO	1	2	3	4	5

Monthly Individual Schedule(스케줄 표 예시)

스케줄표 약어

약어	의미	설명
RF	Ready for Flight	정해진 시간 동안 비행 준비 상태를 유지하며 대기해야 하는 근무 형태
DO	Day Off	일반적인 휴무일
ATDO	Auto Tag Day Off	시스템에 의해 자동으로 부여되는 휴무일
TF	Traning	재임용을 위한 정기안전훈련
LO	Layover	비행 후 체류 일정
TVL	Travel	다음 비행을 위한 이동 중인 상태 또는 복귀를 위한 이동
YVC	Year Vacation	연차 휴가를 의미

국제선 스케줄은 노선별로 비행시간에 따라 단거리, 중거리, 장거리로 나뉘며, 각각 일본 · 중국 등 3시간 이내 노선부터 유럽 · 미주 등 8시간 이상 노선까지 포함된다.

비행 시간 기준 구분

구분	비행시간 기준	예시 노선	특징
단거리	3시간 이하	일본(도쿄, 오사카), 중국(푸동, 다롄) 등	짧은 비행시간, 체류시간 짧음
중거리	3시간 초과 ~ 8시간 미만	동남아시아/서남아시아(싱가포르, 방콕 등)	중간 정도의 체력 소모 및 체류 일정
장거리	8시간 이상	유럽(파리, 런던), 미주(뉴욕, LA 등)	장시간 비행, 높은 체력 소모, 장기 체류

또한, 스케줄표에는 각 노선의 목적지에 해당하는 도시와 공항 이름이 국제공항코드(3 Letter Code)로 표기된다. 예를 들어, 뉴욕은 도시 기호 'NYC'로 나타나며, JFK · LGA · EWR 등 서로 다른 공항 코드로 세분된다. 이는 승무원이 탑승할 항공편의 목적지와 도착지를 명확히 파악하는 데 필수적인 정보이다.

대한항공 취항지 공항 코드 3 letter

지역	도시	공항명(영문)	코드
한국	서울(인천)	Incheon International Airport	ICN
	서울(김포)	Gimpo International Airport	GMP
	부산	Gimhae International Airport	PUS
	대구	Daegu International Airport	TAE
	광주	Gwangju Airport	KWJ
	청주	Cheongju International Airport	CJJ
	울산	Ulsan Airport	USN
	여수	Yeosu Airport	RSU
	사천/진주	Sacheon Airport	HIN
	제주	Jeju International Airport	CJU

지역	도시	공항명(영문)	코드
동남아	방콕(태국)	Suvarnabhumi Airport	BKK
	치앙마이(태국)	Chiang Mai International Airport	CNX
	푸켓(태국)	Phuket International Airport	HKT
	하노이(베트남)	Noi Bai International Airport	HAN
	호찌민(베트남)	Tan Son Nhat International Airport	SGN
	다낭(베트남)	Da Nang International Airport	DAD
	나트랑(베트남)	Cam Ranh International Airport	CXR
	푸꾸옥(베트남)	Phu Quoc International Airport	PQC
	마닐라(필리핀)	Ninoy Aquino International Airport	MNL
	세부(필리핀)	Mactan-Cebu International Airport	CEB
	쿠알라룸푸르	Kuala Lumpur International Airport	KUL
	싱가포르	Changi International Airport	SIN
	자카르타	Soekarno-Hatta International Airport	CGK
	발리	Ngurah Rai(Denpasar) Intl Airport	DPS
	프놈펜	Phnom Penh International Airport	PNH
	양곤	Yangon International Airport	RGN

지역	도시	공항명(영문)	코드
미주	뉴욕	John F. Kennedy International Airport	JFK
	로스앤젤레스	Los Angeles International Airport	LAX
	샌프란시스코	San Francisco International Airport	SFO
	시카고	O'Hare International Airport	ORD
	시애틀	Seattle-Tacoma International Airport	SEA
	애틀랜타	Hartsfield-Jackson Atlanta Intl	ATL
	보스턴	Boston Logan International Airport	BOS
	워싱턴 D.C.	Washington Dulles Intl Airport	IAD
	달라스	Dallas/Fort Worth International	DFW
	호놀룰루	Daniel K. Inouye Intl Airport	HNL
	라스베이거스	Harry Reid International Airport	LAS
	밴쿠버(캐나다)	Vancouver International Airport	YVR
	토론토(캐나다)	Toronto Pearson International Airport	YYZ

지역	도시	공항명(영문)	코드
유럽	런던	London Heathrow Airport	LHR
	파리	Paris Charles de Gaulle Airport	CDG
	프랑크푸르트	Frankfurt Airport	FRA
	비엔나	Vienna International Airport	VIE
	로마	Leonardo da Vinci-Fiumicino Airport	FCO
	밀라노	Milan Malpensa Airport	MXP
	마드리드	Madrid-Barajas Airport	MAD
	리스본	Lisbon Humberto Delgado Airport	LIS
	암스테르담	Amsterdam Schiphol Airport	AMS
	취리히	Zurich Airport	ZRH
	프라하	Václav Havel Airport Prague	PRG
	부다페스트	Budapest Ferenc Liszt Intl Airport	BUD
	이스탄불	Istanbul Airport	IST

지역	도시	공항명(영문)	코드
오세아니아	시드니	Sydney Kingsford Smith Airport	SYD
	브리즈번	Brisbane Airport	BNE
	오클랜드(NZ)	Auckland International Airport	AKL

2) 브리핑 시트(Briefing Sheet)/Duty 확인

다음으로는 브리핑 시트(Briefing Sheet) 확인이 필요하다.

브리핑 시트에는 운항 편명, 비행 시간, 항공기 기종, 탑승 인원, 특별 서비스 요청사항(Special Meal, Wheelchair Request 등), 기내 서비스 세부 내용, 담당 구역(zone) 등의 정보가 기재되어 있으며, 이를 통해 객실승무원은 본인의 역할과 책임을 명확히 이해할 수 있다. 특히 국제선의 경우 장거리 운항이 많고 기내 서비스가 복잡하므로, 브리핑 시트 내용을 철저히 숙지해야 한다.

또한, 해당 목적지의 공항과 현지 정보를 사전에 파악하는 스테이션 공부도 필수이다.

스테이션(Station)이란 항공사가 운항하는 각 도시의 공항 및 현지 운영 환경을 말하며, 도착 후 절차(입국 심사, 검역, 세관 등), 공항 내 주요 동선, 비상 상황 시 대응 절차, 호텔 셔틀 이용 방법, 현지 기후 및 문화 등에 대해 사전에 공부해 두어야 한다. 이는 도착 후 예상치 못한 상황에서도 침착하게 대응할 수 있는 기초가 되며, 전체 승무원과 승객의 안전하고 편안한 이동을 도울 수 있다.

출발 전날의 비행 준비는 객실승무원이 전문직업인으로서 갖춰야 할 기본 역량이며, 매 비행마다 반복적으로 이루어지는 중요한 업무 중 하나이다.

항공사의 브리핑 시트 예시

항목	내용
Flight	KE0901
Route	ICN → CDG(5626 miles)
Date	2021.01.05.(TUE)
(UTC)	2021.01.05.(TUE)
Destination	Paris-Charles De Gaulle International Airport, Paris, France
STD	13:20(+9)
STA	18:30(+2)
CABIN BRIEFING	11:35
JOINT BRIEFING	12:00
FLT TIME	12:10
RSVN	F: 3 / C: 65 / Y: 297(12 / 94 / 297)

Nationality	KOR	JPN	CHN	USA	EUR	SEA	MEA	OCN	CIS
Count	190	0	0	5	0	0	0	10	0

항목	내용
A/C	HL76XX(388S)
Seat Config	12/94/297
System	eX2
IFE Video	AVOD
Audio	AVOD
PRAM	Y
ISPS	Y
Satellite Phone	L1, L2, L4, UL1, UL2 벽면

Duty assignment

Duty	RANK	TEAM	NAME	J/S	Duty	RANK	TEAM	NAME	J/S	Duty	RANK	TEAM	NAME	J/S
FAL	SS13	0203	박*우	RI	FAG	PS17	0203	이*우	R1	FAR	SS15	0203	정*늘	R2
CUL	AP17	0203	김*인	UR1	CUG	PS17	0113	안*영	UL1					
CVL	SS11	0203	문*은	UR2	CVG	PS18	0113	최*우	UR3	CVR	SS11	0203	박*윤	UR4
CVM	AP07	0113	이*훈	59B										
CWL	SS11	0113	송*진	R5	CWG	PS16	0113	전*빈	L1	CWR	SS12	0113	이*준	L2
YBL	SS16	0203	정*하	L3	YBG	PS14	0203	강*린	L4	YBR	JR13	1008	김*영	59C
YCL	SS13	0113	오*진	L3	YCG	SS01	0203	임*현	R3	YCR	SS14	0203	장*호	R4
YDL	SS16	0113	유*은	L4	YDG	PS12	0113	백*훈	L5	YDR	SS16	0203	조*별	R5
BAR	AP13	0113	한*빈	UR3	DFS	AP17	0113	홍*채	L5					

항목	담당
ANN	FAG
ANN Monitoring	FAL, YCR, CUG
In-flight Sales	YDG
TASER	DP, YBG
Catering Seal CHK	FAG, CVG, YCG
비상구 좌석 BRFG	YBL, YCL, CVL

Service Procedure

Phase	Time	In-between Snack
1st SVC	15M after take-off	Amenity kit 1st Meal with beverage Sales Entry Documents
PAX Rest	-	Beverage
2nd SVC	2H 30M before landing	Aperitif 2nd Meal with beverage
Preparation for approaching	40M before landing	Recheck on entry documents
Preparation for landing	20M before landing	Sealing carts & locking galley compartments

Service Meal

F Class

1st Meal	2nd Meal	In-between Snack
1. BIBIMBAP	1. DONGCHIMI COLD NOODLE	COOKIE
2. PAN FRIED STRIPLOIN STEAK WITH GALBI SAUCE	2. SUWON GALBI	PIZZA BAR
3. SEARED RIB EYE STEAK WZ SHALLOT SAUCE	3. STIR FRIED SHRIMP WITH BLACK BEAN SAUCE	SAMGAKGI MBAP
4. ROASTED COD WITH RED BELL PEPPER AND MUSHROOM SAUCE	-	-

C Class

1st Meal	2nd Meal	In-between Snack
1. BIBIMBAP	1. PAN FRIED BEEF TENDERLOIN WZ MUSHROOM	COOKIE
2. CHICKEN CURRY RICE	2. SEAFOOD GRATIN WITH TOMATO SAUCE	PIZZA BAR
3. ROASTED SOLE FISH WITH TOMATO AND BERCY SAUCE	3. DONGCHIMI COLD NOODLE	SAMGAKGI MBAP
4. STIR-FRIED CHICKEN CHINESE STYLE WITH OYSTER SAUCE	-	-

Y Class

1st Meal	2nd Meal	In-between Snack
1. KOREAN STYLE STIR FRIED SPICY OCTOPUS	1. KOREAN HOT SPIC CHICKEN STEW	SAM GAK GIM BAB
2. BEEF BOURGUIGNONNE	2. FRIED COD FISH WITH HOT BEAN SAUCE	PIZZA MARGARITA
3. SALAD WITH CHICKEN	3. BEEF STEW WZ MUSHROOM	CRACKER

출처: 대한항공 Briefing sheet.

앞의 업무 배정표(Duty assignment)에서 내가 수행해야 할 Duty와 Jump seat를 확인하고 같이 근무하는 승무원을 확인할 수 있다.

Q1. 조*별 승무원의 Duty는 무엇이고, 착석해야 하는 승무원 좌석은?

업무배정표 예시

Duty	RANK	TEAM	NAME	J/S	Duty	RANK	TEAM	NAME	J/S	Duty	RANK	TEAM	NAME	J/S
FAL	SS13	0203	박*우	RI	FAG	PS17	0203	이*우	R1	FAR	SS15	0203	정*늘	R2
CUL	AP17	0203	김*인	UR1	CUG	PS17	0113	안*영	UL1					
CVL	SS11	0203	문*은	UR2	CVG	PS18	0113	최*우	UR3	CVR	SS11	0203	박*윤	UR4
CVM	AP07	0113	이*훈	59B										
CWL	SS11	0113	송*진	R5	CWG	PS16	0113	전*빈	L1	CWR	SS12	0113	이*준	L2
YBL	SS16	0203	정*하	L3	YBG	PS14	0203	강*린	L4	YBR	JR13	1008	김*영	59C
YCL	SS13	0113	오*진	L3	YCG	SS01	0203	임*현	R3	YCR	SS14	0203	장*호	R4
YDL	SS16	0113	유*은	L4	YDG	PS12	0113	백*훈	L5	YDR	SS16	0203	조*별	R5
BAR	AP13	0113	한*빈	UR3	DFS	AP17	0113	홍*채	L5					

■ 듀티코드 확인 하기

승무원이 비행 중 맡은 업무를 3글자의 코드로 나타낸 것이 바로 듀티코드(Duty Code)이다.

이 듀티코드는 아래와 같이 세 가지 요소로 구성되어 있다.

ex) FAL

- 첫 번째 글자(Class): 어떤 좌석 등급을 담당하는지 나타냄

  예: F = First Class, B = Business Class, E = Economy Class 등

- 두 번째 글자(Zone): 기내에서 맡은 구역(Zone)을 의미

  예: A, B, C 등으로 표기

- 세 번째 글자(담당직무): 승무원의 구체적인 역할이나 직책

  예: L = 리더, A = Assistant 등

❑ 참고 표현 예시

"오늘 FAL을 담당하게 된 이진주입니다."

→ "퍼스트 클래스 A구역 리더 역할을 맡은 이진주입니다."라는 뜻!

대한항공 표준 듀티코드 구성

위치	항목	예시	설명
1번째 글자	Class (좌석 등급)	F, C, Y	– F: First Class(일등석)– C: Prestige Class(프레스티지/비즈니스석)– Y: Economy Class(이코노미석)
2번째 글자	Zone (담당 구역)	A, B, C, D, E, U	승무원의 담당 서비스 구역
3번째 글자	Duty (담당 직무)	L, R, G	– L: Leader(해당 구역 책임자)– R: Runner(서비스 보조)– G: Galley(갤리 담당: 기내식 및 기물 정리 담당)

TIP!

보고할 때나 기내에서의 업무 지시/교대를 할 때는 이 듀티코드로 간단하게 소통합니다.

예: "CUL 김** 승무원, 오늘 비즈니스 클래스 식사에 대해 발표해 주세요."

→ C 클래스, U 구역, L 직무를 맡은 승무원에게 지시

Q. 알아봅시다!

아래의 도해도에서 YDL, YCR, CBG, FAL가 근무하는 구역을 찾아서 표시해 봅시다.

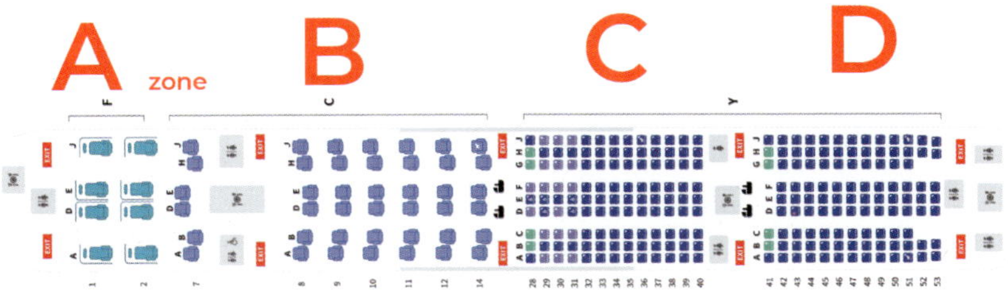

출발 당일

1) Show up

- 'Show Up'은 승무원이 회사에 처음 출근하여 공식적으로 업무에 들어가는 시점을 의미하며, 브리핑 참석시간과 동일한 경우를 의미하기도 한다.
- 항공사마다 세부 기준은 다를 수 있지만, 일반적으로는 객실 브리핑 시작 1시간 전부터 Show Up이 가능하다.
- 승무원은 이 시간 전까지 비행에 필요한 개인 장비를 점검하고, 공지사항을 확인하며, 그날의 비행에 필요한 모든 준비를 마쳐야 한다.

2) 이미지 메이킹

출근 시에는 회사가 정한 유니폼을 정확히 착용하고, 규정에 부합하는 메이크업과 헤어스타일을 갖추는 것이 기본이다. 유니폼 착용이 아닌 경우에도 승무원으로서의 이미지를 유지할 수 있도록 단정한 복장을 착용해야 하며, 외부에서 타인의 시선을 고려한 단정한 태도를 유지해야 한다.

■ Appearance Check List

- ☐ 메이크업과 헤어스타일이 규정에 맞고 유니폼과 잘 어울리는가?
- ☐ 유니폼 착용 상태 및 명찰 등 부착물의 착용 상태가 양호한가?
- ☐ 시계, 귀걸이, 반지 등 액세서리가 규정에 맞는가?
- ☐ 기내화가 깔끔한 상태인가?
- ☐ 에이프런(Apron)의 청결 상태 및 다림질 상태가 양호한가?
- ☐ 손톱(Nail)의 상태와 컬러가 규정에 맞고 깔끔한가?

① 유니폼

항공 승무원의 유니폼은 단순한 복장이 아닌, 항공사의 이미지를 대변하는 중요한 요소이다. 유니폼 착용 시 단정함과 청결함을 유지해야 하며, 이를 통해 승객에게 신뢰감을 줄 수 있어야 한다. 이 장에서는 유니폼 착용 시 유의해야 할 세부 기준을 항목별로 설명하고자 한다.

가. 재킷(Jacket)

재킷은 전체 복장에서 가장 먼저 시선을 끄는 요소로, 착용자의 첫인상을 결정짓는다. 재킷은 지나치게 타이트하거나 헐렁하지 않도록, 신체에 맞는 적절한 사이즈로 선택해야 한다. 착용 시에는 항상 청결한 상태를 유지해야 한다.

소매 부분에 오염이 있거나, 단추가 풀어진 상태는 비전문적인 인상을 줄 수 있으므로 반드시 점검해야 한다. 착용 전 거울로 실루엣을 확인하고 주름이 생기지 않도록 정리된 상태여야 한다.

나. 블라우스 및 앞치마(Blouse & Apron)

블라우스와 앞치마는 재킷을 벗었을 때 드러나는 복장으로, 단정하고 청결한 상태를 유지해야 한다. 타이트하거나 구김이 많은 블라우스는 단정하지 않으므로 피해야 한다.

블라우스는 체형에 맞는 적절한 사이즈로 착용하고, 앞치마는 주름 없이 정돈된 상태를 유지해야 한다. 특히 리본은 깔끔하게 매어져 있어야 하며, 움직임에 따라 벌어지거나 말려 올라가지 않도록 관리해야 한다.

다. 스커트 및 슬랙스(Skirt & Slacks)

스커트는 무릎 길이를 기준으로 하여 지나치게 짧거나 길지 않도록 조절해야 한다. 실루엣은 단정하게 유지하되, 활동에 불편함이 없어야 한다.

허리선이 지나치게 올라가거나 내려가지 않도록 주의해야 하며, 전체적인 복장 비율이 어색하지 않도록 신경 써야 한다.

슬랙스는 복숭아뼈를 덮는 정도의 적절한 길이여야 하며, 너무 짧거나 길 경우 단정하지 못한 인상을 줄 수 있으므로 주의해야 한다. 구두와의 조화를 고려하여 착용 전 반드시 전체 복장을 점검해야 한다.

유니폼은 단순한 업무복이 아닌, 서비스의 얼굴이자 항공사의 신뢰를 대변하는 상징이다. 항상 단정하고 청결한 복장을 유지해야 하며, 지정된 기준에 따라 정확하게 착용해야 한다. 유니폼을 입는 순간부터 승무원으로서의 역할이 시작 된다는 마음가짐을 가져야 한다.

대한항공 유니폼 착용 예시 - 대한항공 이미지메이킹 강조사항

✲ Jacket

* 자켓은 너무 Tight하거나 헐렁하지 않도록 적정한 Size로 선택하고, 청결한 상태로 착용함.

[Tight 함] [소매단 오염] [단추 풀어짐]

✲ Blouse & Apron

* Blouse와 Apron은 적정한 Size를 선택하고, 구김 없이 관리하여 자켓을 탈의하게 되는 기내 근무 시 단정한 착용 상태를 유지해야 함.

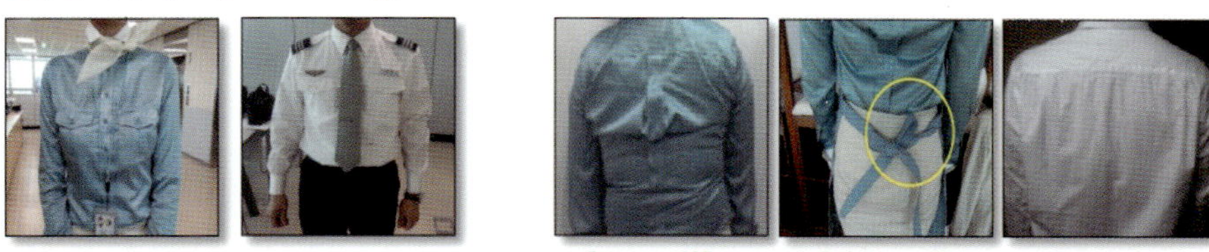

[Tight 함] [리본 꼬임] [구김 있음]

✲ Skirt & Slacks

* 스커트의 길이는 무릎선을 유지하며, 실루엣을 고려하여 허리선을 지나치게 위로 올려입지 않음
* 바지단의 길이는 복숭아뼈를 덮는 정도로 하고, 너무 짧거나 길지 않도록 주의함.

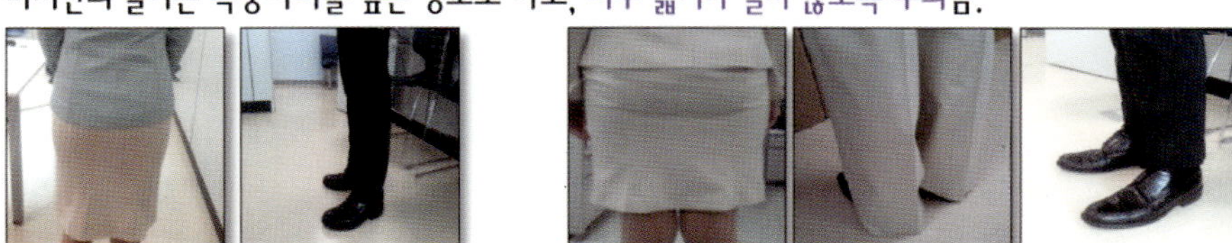

[기장이 짧고 Tight 함] [기장 김] [기장 짧음]

② 메이크업(Make-up)

객실승무원의 메이크업은 밝고 건강한 이미지를 연출하는 것이 기본이다. 동시에 승객에게 편안함과 따뜻함을 느끼게 해야 하므로, 유니폼과 어울리는 온화한 메이크업이 중요하다.

승무원은 자신의 매력을 자연스럽게 드러내되, 과도한 연출로 인해 오히려 신뢰감을 떨어뜨리거나 부담을 주지 않도록 주의해야 한다. 장시간의 비행 근무에서는 조명 조건이나 근무 환경상 메이크업의 지속력도 중요하므로, 지나치게 화려한 색조보다는 건강하고 안정적인 인상을 줄 수 있는 자연스러운 메이크업이 권장된다.

메이크업의 주요 기준은 다음과 같다.

- 밝고 건강한 이미지를 연출할 것
- 유니폼과 어울리는 색조와 톤을 사용할 것
- 피부톤과 조화를 이루는 자연스러운 메이크업을 유지할 것

승무원은 서비스를 제공하는 전문가로서 보이는 이미지를 관리해야 하며, 화장을 통해 서비스 신뢰감을 높이고 자신의 단정함과 전문성을 표현할 수 있어야 한다.

③ 머리 손질(Hair-do)

객실승무원의 머리 모양은 단정함, 청결함, 그리고 업무 효율성을 함께 고려하여 유지되어야 한다. 유니폼과의 조화를 이루는 전체적인 인상도 중요하며, 비행 업무 중에도 흐트러지지 않도록 고정력 있는 헤어스타일이 요구된다.

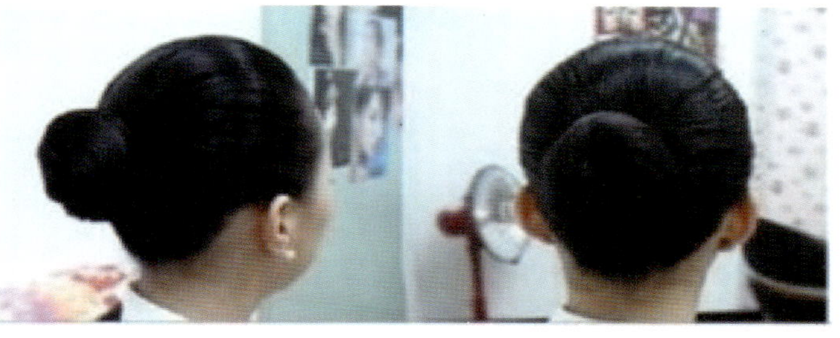

여성의 경우, 머리는 항상 단정하게 유지되어야 하며, 얼굴형과 조화를 이루는 스타일이 바람직하다. 앞머리는 시야를 가리지 않도록 드라이어를 사용해 정리하고, 헤어밴드나 헤어핀 등 액세서리를 활용해 잔머리를 정돈한다.

남성의 경우, 짧고 단정한 머리 길이를 유지하며 전체적인 윤곽이 깔끔하게 보이도록 해야 한다. 앞머리는 눈썹을 가리지 않도록 정리하고, 머리카락이 흐트러지지 않도록 포마드, 무스 등의 헤어 스타일링 제품을 사용해 고정한다. 옆머리는 귀를 덮지 않도록 하며, 뒷머리는 셔츠 깃 위에 닿지 않게 정리한다.

남녀 모두 머리카락은 근무 중 흔들리거나 흐트러지지 않도록 스타일링 제품을 사용해 관리해야 하며, 전체적인 머리카락의 기장과 정돈 상태가 일관되게 유지되어야 한다.

④ 액서서리

객실승무원은 유니폼 착용 시 정해진 기준에 따라 액세서리를 선택하고 착용해야 하며, 전체적인 단정함과 조화를 유지하는 것이 중요하다.

객실승무원은 승객과의 근접한 거리에서 서비스를 제공하기 때문에, 외형적 액세서리는 피어싱이나 문신처럼 시선을 분산시키는 요소가 되지 않도록 항상 주의해야 한다.

시계는 반드시 착용해야 하며, 지나치게 화려하거나 크기가 큰 제품은 지양하고 단순하고 세련된 디자인의 제품을 선택한다. 시계의 스트랩은 골드, 실버,

스테인리스 스틸 소재가 허용되며, 검정이나 갈색 가죽 밴드, 젊은 남성의 경우 고무 밴드 등도 사용 가능하다.

반지는 단순한 디자인으로 하나만 착용하는 것이 원칙이며, 폭 10mm 이내의 금속 재질로 된 제품이 허용된다. 다만, 근무 중 손이 자주 움직이는 업무 특성상 돌출된 장식이 있는 반지는 권장되지 않는다.

목걸이는 유니폼 착용 시 외부에 비치되지 않도록 하며, 드러나는 디자인은 피한다.

귀걸이는 단순한 디자인의 장식으로 1쌍만 착용할 수 있고, 크기는 5mm 이내로 제한된다. 지나치게 반짝이거나 화려한 디자인은 피하며, 한국 귀걸이 한 쌍만 착용이 가능하다.

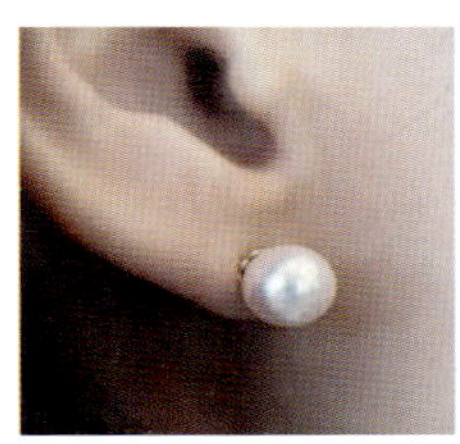

유니폼을 착용할 때는 종류와 무게에 따라 착용 가능한 액세서리를 구분해야 하며, 특히 남성 승무원은 넥타이핀을 사용할 경우 넥타이핀은 맨 상단에서 2/3 지점에 착용하는 것이 원칙이다.

2. 출근 후 업무

1) 출근 및 수하물 탁송

객실승무원은 비행 당일, 계절과 기후, 교통 상황 등을 고려하여 정해진 시간보다 여유 있게 출근해야 한다. 특히 국제선 비행은 입국 심사 및 출국 절차에 소요되는 시간이 많고, 예상치 못한 변수에 대비해야 하므로 보다 철저한 시간 관리가 요구된다.

출근과 동시에 비행 준비물 확인도 병행해야 한다.

준비물에는 여권, 비자, 직원 신분증(ID 카드), 승무원 등록증, 객실승무원 업무 교범(COM: Crew Operations Manual)이 있으며, 항공사에서 요구하는 각종 서류(근무 규정집, 비행 일지 등)도 함께 소지해야 한다. 국제선의 경우 현지 체류를 위한 개인 용품과 복장도 사전에 준비하여야 하며, 업무 중 필요한 물품 외에는 수하물 무게 초과를 방지하기 위해 불필요한 짐은 지양한다.

출근 후 공항에 도착하면 승무원 전용 수하물 카운터를 통해 개인 수하물을 위탁하게 된다. 이때 위탁 가능한 수하물의 개수 및 무게는 일반 승객과 동일한 규정을 따르며, 수하물 탁송 시 승무원 ID 카드와 목적지를 카운터 직원에게 정확히 전달해야 한다. 수하물 표(Tag)는 비행 종료 시까지 보관하며, 분실 또는 도착지 오류에 대비해 수시로 확인하는 습관을 갖는 것이 중요하다.

이러한 출근 및 수하물 탑송 절차는 객실승무원이 국제선 비행을 안전하고 원활하게 수행하기 위한 기본 준비 과정 중 하나이며, 승무원으로서의 전문성과 신뢰감을 나타내는 첫걸음이 된다.

비행 전 금지행위

객실승무원은 승객의 안전을 책임지는 직무를 수행하는 만큼, 비행 전 아래의 행위들은 엄격히 금지됩니다.
이러한 금지사항을 위반해 비행 근무를 수행할 수 없는 상황이 발생할 경우, 회사에 반드시 보고하여 대체 승무원 투입 등의 적절한 조치가 이루어지도록 해야 합니다.

금지 항목

향정신성 의약품 복용	어떠한 경우든 복용 금지
12시간 이내 음주	비행 기준 12시간 전까지 금주
24시간 이내 헌혈	체력 저하로 인한 위험 예방
24시간 이내 스쿠버다이빙	감압병 등 건강 문제 예방

2) 브리핑 준비

객실승무원은 비행 전 반드시 근무 준비를 철저히 해야 한다. 브리핑 준비는 승객의 안전과 서비스 품질을 결정짓는 중요한 절차다. 우선, 모든 필수 휴대품을 빠짐없이 챙겼는지 확인해야 한다.

여권, 비자, 승무원 등록증, 객실승무원 업무 교범, ID카드 등은 늘 소지해야 할 필수휴대품이다.

다음으로, 비행할 항공편의 기종이나 시스템, 운항 특성에 대해 사전 정보를 숙지해야 한다. 어떤 장비가 장착되어 있는지, 어떤 클래스가 운영되는지, 특이사항은 없는지를 꼼꼼히 체크해야 한다.

기내에서 발생할 수 있는 다양한 상황에 대비해 비상절차와 보안 관련 내용도 정확히 알고 있어야 한다. 도어 작동법이나 사고 발생 시 대처법, 안전 장비 사용법 등은 특히 우선적으로 숙지해야 한다.

자신의 당일 업무에 해당하는 듀티 내용도 확인해야 한다.

브리핑 시트에 포함된 지시 사항이나 업무 분장표를 바탕으로 각자의 역할을 명확히 이해해야 한다.

도착할 목적지의 공항 정보와 관련된 CIQ 사항도 중요하다. 입국 서류 작성 방법, 면세 기준, 검역 절차, 환승 동선 등 공항별로 상이한 정보들을 정리해 숙지해야 한다.

3) 브리핑 전 숙지해야 할 사항

브리핑 전에는 비행편의 주요 특이사항과 안내 내용을 미리 파악하고 정리해야 한다. 이를 통해 팀원들과의 협업에 혼선이 없도록 하고, 실제 업무 중 상황 대처 능력을 높여야 한다.

항공편 브리핑 시트, 기내 안전 및 보안 장비 정보, IFE 시스템 주의사항, 비상상황 대처법, 도어 조작법, 기내 서비스 방법, 목적지 입국 정보, 면세 기준, 공항 규정, 환승절차 등은 모두 필수적으로 확인해야 한다.

최근 업무 지침이나 공지사항, 고객 관련 불만 사례와 응대 사례들도 함께 파악하여 발생할 수 있는 다양한 상황을 미리 공유하고 해결책에 대한 의견을 교환할 수 있다.

■ 객실 브리핑(Cabin Briefing) 실시

브리핑은 비행 전 객실 사무장이 주관하며, 해당 항공편을 함께 운영할 승무원 전원이 참여해야 한다. 이는 팀워크 형성과 함께, 당일 비행의 출발점이자 서비스 품질을 결정짓는 핵심 단계다.

브리핑 실시 내용

- 담당 승무원 인원과 위치를 확인한다.
- Duty 및 Jumpseat 배치를 파악한다.
- 올바른 복장과 용모를 점검한다.
- 필수 휴대품 소지 여부를 확인한다.
- 항공편 관련 정보(비행 일반 정보, 안전 정보, 스테이션 정보 등)를 공유한다.
- 클래스별 서비스 기준과 식사 형태, IFE 시스템 운영 방식을 숙지한다.
- SHR 등 특별 서비스 요청 사항을 점검한다.
- 회사 공지사항 및 서비스 팁을 확인한다.

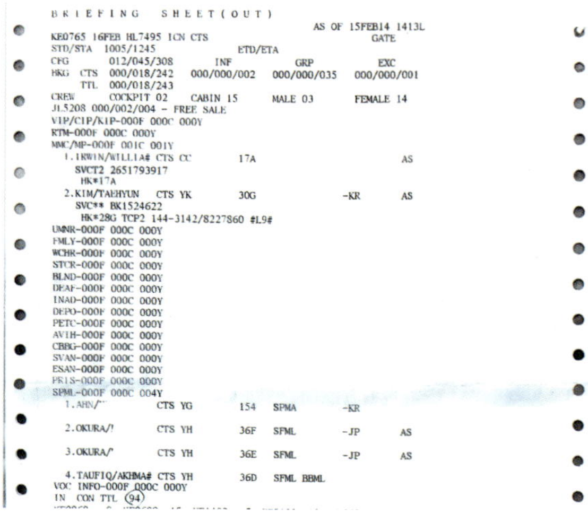

```
BRIEFING SHEET(OUT)
                                                  AS OF 15FEB14 1413L
KE0765 16FEB HL7495 ICN CTS                                  GATE
STD/STA  1005/1245              ETD/ETA
CFG       012/045/308     INF          GRP          EXC
HKG  CTS  000/018/242  000/000/002  000/000/035  000/000/001
     TTL  000/018/243
CREW      COCKPIT 02   CABIN 15     MALE 03      FEMALE 14
JL5208 000/002/004 - FREE SALE
VIP/CIP/KIP-000F 000C 000Y
RTM-000F 000C 000Y
MMC/MP-000F 001C 001Y
  1.IRWIN/WILLIA# CTS CC      17A                          AS
    SVCT2 2651793917
     HK*17A
  2.KIM/TAEHYUN   CTS YK      30G                 -KR      AS
    SVC** BK1524622
     HK*28G TCP2 144-3142/8227860 #L9#
UMNR-000F 000C 000Y
FMLY-000F 000C 000Y
WCHR-000F 000C 000Y
STCR-000F 000C 000Y
BLND-000F 000C 000Y
DEAF-000F 000C 000Y
INAD-000F 000C 000Y
DEPO-000F 000C 000Y
PETC-000F 000C 000Y
AVIH-000F 000C 000Y
CBBG-000F 000C 000Y
SVAN-000F 000C 000Y
ESAN-000F 000C 000Y
PRIS-000F 000C 000Y
SPML-000F 000C 004Y
  1.AHN/          CTS YG      154   SPMA          -KR
  2.OKURA/        CTS YH      36F   SFML          -JP      AS
  3.OKURA/        CTS YH      36E   SFML          -JP      AS
  4.TAUFIQ/AKHMA# CTS YH      36D   SFML BBML
VOC INFO-000F 000C 000Y
IN  CON TTL (94)
```

SHR(Special Handling Request)

SHR은 탑승객의 특수 요청이나 인적사항 등이 담긴 민감한 정보로 특별기내식, 특별요청 사항, 고객의 말씀을 전했던 승객, 연결편 승객 등 다양한 승객의 정보가 탑재되어 있다.

최근에는 페이퍼 기반의 서류 대신 모바일 기기를 이용한 SHR 시스템이 도입되어 효율성과 보안성이 함께 강화되고 있다. 승무원은 시스템을 통해 요청 내용을 정확히 확인하고, 해당 탑승객에 대한 맞춤형 서비스를 준비해야 한다.

4) 합동 브리핑(Joint Briefing)

객실 브리핑을 마친 뒤, 객실승무원은 운항승무원과 함께 합동 브리핑에 참여한다. 이 시간은 기장과 부기장, 객실승무원이 함께 모여 당일 비행과 관련된 모든 핵심 정보를 공유하고 협업 체계를 확실히 맞추는 자리다.

출처: https://www.alamy.com

합동 브리핑에서는 비상 상황 시의 대응 방법, 예정된 비행 루트, 항공기의 예상 운항 시간, 목적지 공항의 상황 등을 포함한 비행 전반의 안전 요소를 함께 확인한다.

또한, 승무원 간 업무 분장 내용과 교차 점검 사항, 특정 고객 요청사항이나 항공기 설비 이상 여부도 함께 공유한다. 이 시간을 통해 전원은 하나의 팀으로서, 같은 방향을 보고 근무에 임할 준비를 갖춘다.

이를 통해 비행 중 발생할 수 있는 변수에 유연하게 대처할 수 있는 공통된 기준을 마련하게 된다.

운항 승무원의 역할(PIC, FO)

비행기 운항에 있어 기장은 PIC(Pilot In Command)로 불리며, 비행의 모든 책임을 맡는다. 항공사에서 지정한 구간별 PIC는 안전 운항에 대한 최종 결정 권한을 가지고 있으며, 비행이 끝날 때까지 전체 승무원에 대한 지휘권을 유지한다.

부기장은 FO(First Officer)라고 하며, 기장의 지시에 따라 항로를 보조하거나 필요 시 기장을 대리해 업무를 수행한다. 두 사람은 비행 내내 상호 협조 관계를 유지하며, 객실과 조종실 간 정보의 매개체 역할도 담당한다.

출처: https://www.sky4u-berlin.com

5) CIQ 수속

객실승무원은 출국 시, 공항 내에서 별도 통로를 통해 CIQ 절차를 밟게 된다. CIQ는 보안 검색(Security), 세관 신고(Customs), 출국 심사(Immigration), 검역(Quarantine)의 절차로 구성되며, 일반 승객과는 달리 신속하고 간소한 방식으로 진행된다.

다만, 감염병 확산을 방지하기 위해 검역 단계가 포함되어 있으며, 승무원도 건강 상태나 개인위생에 각별히 주의해야 한다. 이는 단순한 형식적 절차가 아니라, 타인의 안전을 보장하는 책임의 연장선으로 이해해야 한다.

① 보안 검색

항공기 탑승 전 위험물이나 반입 제한 품목이 없는지 점검하는 절차다. 엑스레이 검색 외에도 필요에 따라 휴대품 개봉 검사나 바디 검색이 추가될 수 있다.

② 휴대품 반출 신고(해당자에 한함)

해외에서 구입한 고가의 물품을 국내에 다시 반입할 경우, 면세 한도에 따라 세관에 신고를 해야 한다. 이 과정은 일반 승객도 포함되지만, 승무원의 경우에도 해당 시 유의해야 한다.

③ 출국 심사

회사가 미리 등록한 비행명단과 승무원 정보를 기반으로 자동 출국 심사가 이뤄진다. 일반적으로 여권 없이 ID카드로 승인받으며, 승무원은 지정된 전용 출입로를 이용하게 된다.

④ 서류 수령

CIQ 수속을 모두 마친 후, 승무원은 탑승 예정 항공편의 게이트로 이동해 출국 관련 서류를 수령하게 된다. 이 서류는 해당 항공편의 목적지에 따라 다르며, 현지 입국 시 필요한 정보가 담겨 있다. 서류 담당 승무원은 반드시 지정된 카운터에서 승객 명단과 함께 필요한 자료를 전달받아야 하며, 항공기 출발 전까지 이를 꼼꼼히 확인해야 한다.

■ 실습 안내

객실 브리핑 실습을 위해 역할을 나눠 연습해 보는 것도 중요하다. 객실 사무장, 부사무장, 일반 승무원으로 나누어 브리핑 시트를 바탕으로 실전처럼 연습해 보면 비행 전 준비 과정을 더 잘 이해할 수 있다.

[브리핑 실습하기]

항목	내용
Flight	
Route	
Date	
(UTC)	
Destination	
STD	
STA	
CABIN BRIEFING	
JOINT BRIEFING	
FLT TIME	
RSVN	

항목	담당
ANN	
ANN Monitoring	
In-flight Sales	
TASER	
Catering Seal CHK	
비상구 좌석 BRFG	

Duty 배정표

Duty	RANK	TEAM	NAME	J/S	Duty	RANK	TEAM	NAME	J/S	Duty	RANK	TEAM	NAME	J/S
FAL				Rl	FAG				R1	FAR				R2
CBL				R5	CBG				L1	CBR				L2
YCL				L3	YCG				R3	YCR				R4
YDL				L4	YDG				L5	YDR				R5

Chapter 06

항공기 탑승 후

1. 비행 전 준비 업무(Pre-Flight)

1) 승객 탑승 전 업무

(1) Crew baggage 정리

객실승무원은 탑승 후 개인 휴대 수하물(비행 가방, 행거백 등)을 기내에 안전하게 보관해야 한다. 이는 본인의 편의는 물론, 승객의 안전과 공간 효율을 함께 고려하는 절차다.

회사는 승무원의 수하물에 Crew Tag를 부착하도록 지정하고 있으며, 이는 고객 수하물과의 혼동을 방지하기 위함이다. 또한 항공기가 출발한 뒤에는 부족한 용품을 추가로 실을 수 없기 때문에, 비행 전 점검과 준비를 더욱 철저히 해야 한다.

■ Zone별 최후방 좌석 하단

승무원 수하물은 우선적으로 Zone별로 가장 뒤쪽에 위치한 좌석의 하단 공간에 보관하는 것이 원칙이다. 이 자리에는 일반적으로 승객이 잘 사용하지 않으며, 바 형태의 고정 장치가 설치되어 있어 수하물이 튀어나오거나 움직이는 것을 방지할 수 있다.

단, 해당 좌석에 승객이 탑승할 경우 불편함을 느끼지 않도록 좌석 하단 공간의 사용 여부를 사전에 고려해야 한다. 가방은 통로(Aisle) 쪽으로 나오지 않게 완전히 밀어넣어 정돈된 상태를 유지해야 한다.

■ 오버헤드 빈(Overhead Bin)

Zone별 하단 공간이 부족할 경우에는 오버헤드 빈을 사용한다. 오버헤드 빈은 기내 천장 또는 벽면 윗부분에 설치된 수하물 보관 전용함으로, 중앙에 설치된 센터 오버헤드 빈과 측면에 설치된 사이드 오버헤드 빈으로 구분된다.

이 공간은 일반 승객도 사용하는 구역이므로, 승무원은 가방이 공간을 과도하게 차지하거나 불필요하게 공간을 점유하지 않도록 주의해야 한다.

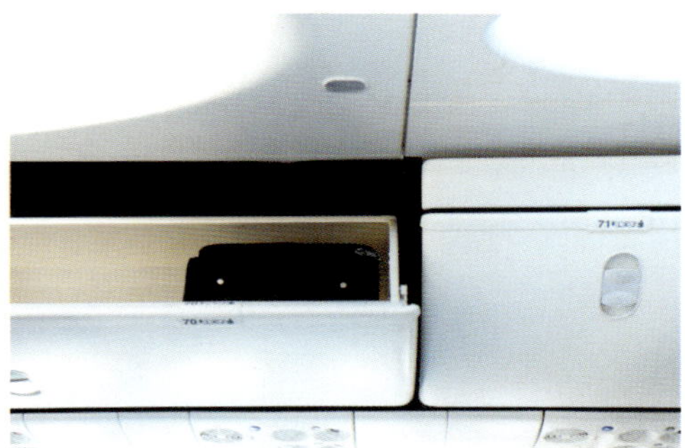

■ 전용 코트룸(Enclosed Coatroom)

코트룸은 승무원이나 VIP 승객의 외투 또는 가방을 보관하는 전용 공간이다. 도어가 설치된 전용 수납 공간으로, 일반적으로 출입문 옆에 위치한다. 이 공간은 제한된 사람만이 사용할 수 있으므로, 보안과 정돈 상태를 항상 유지해야 한다.

도어가 있는 코트룸은 사용 시 도어를 항상 닫아 둬야 하며, 도어가 없는 경우에는 이착륙 중 수하물이 쏟아지지 않도록 단단히 눕혀 보관해야 한다. 수납 시 가방이 소음이나 충격을 일으키지 않도록 조심하고, 정리 상태를 늘 신경써야 한다.

(2) 비상/보안 장비 점검

항공기에는 비상 상황이나 보안 위협에 대비한 장비들이 조종실과 객실 곳곳에 설치되어 있다. 특히 점프시트 주변이나 갤리, 도어 부근에는 응급처치 키트, 화재 진압 장비, 산소공급기 등이 비치되어 있다.

객실승무원은 비행 시작 전, 본인의 담당 구역에 위치한 장비들의 수량과 상태를 점검해야 한다. 각 장비는 미리 정해진 기준에 따라 체크하며, 점검이 끝난 후에는 이상 유무를 객실 사무장에게 보고한다.

객실 사무장은 모든 구역의 장비가 적절히 점검되었는지 전반적으로 확인하며, 최종적으로 기장에게 그 결과를 보고한다. 만약 장비에 이상이 있을 경우, 정비사에게 신속히 전달하여 비행 전 적절한 조치가 취해질 수 있도록 한다.

장비	점검 내용
객실승무원 life vest	– 정위치– 보관 상태
Jump seat	– 좌석 상태– 벨트 상태
Halon 소화기	– 정위치– Seal 상태– 압력 게이지 표시가 그린 밴드(green band)에 위치하는지 확인
H2O 소화기	– 정위치– Seal 상태 확인
PBE	– 정위치– 진공상태로 포장되어 있는지 확인– 유효기간 확인
석면장갑 (Asbestos Gloves)	– 정위치– 한 쌍이 있는지 확인
손도끼(Crash Axe)	– 정위치– 고정 상태 확인
메가폰(Megaphone)	– 정위치– 작동 확인– 고정 상태 확인
휴대용 산소통	– 정위치– 마스크 튜브 보관 상태– 게이지가 1,800 PSI 이상인지 확인
Flash Light	– 정위치– 충전표시등(Red Light 깜박거림) 확인
First Aid Kit	– 정위치– Seal 상태– 유효기간 확인
EMK	– 정위치– Seal 상태 확인
UPK	– 정위치– Seal 상태
AED	– 정위치– 유효기간 확인– 배터리(상태 표시 창을 통해 사용 가능 상태 확인)

(3) 항공기 보안 점검

항공기 보안 점검은 항공보안규정에 따라 승객 탑승 전 반드시 실시해야 하는 필수 절차이다.

객실 보안 점검은 객실 사무장이 PA(Public Address System)를 통해 점검 개시를 지시함으로써 시작된다. 객실승무원은 사무장의 지시에 따라 지정된 담당 구역을 점검하며, 체크리스트에 의거해 체계적으로 기내를 확인한다. 만약 의심스러운 물품이나 이상 징후가 발견되면 즉시 객실 사무장과 기장에게 보고해야 한다.

■ **객실 점검 방법**

보안 점검은 좌석 상·하단, 시트 포켓(Seat Pocket), 객실 통로, 플로어(Floor), 오버헤드 빈(Overhead Bin), 커튼(Curtain), 승무원 휴게실(Crew Rest Area), 점프시트(Jumpseat) 등 다양한 기내 구역을 포함한다.

또한 화장실, 갤리(Galley), 승무원 좌석, 도어 주변, 비디오 컨트롤 센터 등도 빠짐없이 확인해야 하며, 좌석 하단의 구명복 위치나 메가폰, 석면 장갑 등 비상장비 보관 상태 역시 중요 점검 항목이다. 특히 모든 커튼은 들어 올려 내부를 확인하고, 모든 compartment는 직접 열어 점검하는 것이 원칙이다.

-하단 표 참고-

구분	점검사항
객실	– 비상벨 – 좌석상단 – 객실 하단부분 – 모든 오버헤드 빈 – 벽면 및 창가 – 출입구 및 주변 기계 장치 – 커튼룸/클로젯 – 비상 장비 보관 장소 – Life vest seat 쿠션, 하단 – 승무원 좌석 및 구명복 보관장소 – 승무원 휴식 공간– 기타
주방(Galley)	– 오븐, 냉장고, Bar – 주방 내 주변에 비치된 각종 비상 장비 – 벽면, 천정 및 바닥 부분 – 쓰레기함– 주방 내 모든 보관공간
화장실(Lavatory)	– 화장실 문, 벽면 및 천정 외부 – 변기 주변 – 휴지, 화장지 보관함 – 개수대 및 하단 용기 – 산소마스크 보관장소

PRE-FLIGHT SECURITY CHECKLIST

Date ______________ A/C No, ___________ Flight No, KE _____

Station (From/To) ____ Current Alert Level 3 (Yellow) 2 (Orange) 1 (Red)

Signature__________ Signature________________ S/U/N/A _______

PIC: Name __________ S: Satisfactory U: Ununstsfactory N:Applabi.

Area	Check items	S/U/NA
Seat	Inside of seat pocket (Alert 1 & EU ony ly)	
	Under-the-seat cushions and life vests (Alert 1 only	
	Upside of seats	
Door	Both-sidewalls including windows	
	Compartments around seats	
Aisle	Sidewall stowage bins (A380, 77ZK, B444 U/D	
	Inside of all overhead bins	
Door	Emergency equpment storeate	
	Corners near the door	
CRA	Crew rest area (A380, B744, B772, B77Ws, A332)	
	Video control center	
VCC	Duty-free showacase (A380 Only)	
Facility	Area around lavatory door, wall, velland celling	
Galley	Towel containers and tissue dispensers	
	Area under sink	
Component	Compartments in kback of the mirror (A380, B772,	
	B773, B77Ws)	
	All storage compantments (Ovns, refrigerators, bars)	
Compartmen	Celling, wall and floor	
	Rubbish bins and towel containers	
	Compartments in the celling	
Cart	Inside of cart lift (Elevator) (A380, B744)	
Note	Cart sealing	

If you've checked the 'Unsatisfactory'
Report to the capnain immediately, Also, report the relevant authority in airport, if necessary: Write details in thebox below.

항공기 보안 체크리스트 -대한항공

최근에는 업무 효율성 향상을 위해 보안 점검 체크리스트가 전자 문서화되고 있으며, 전용 태블릿이나 스마트 기기를 활용해 점검 내용을 입력하고, 운송 직원에게 실시간으로 전송하고 있다.

점검을 완료한 후, 각 승무원은 담당 구역의 보안 상태를 객실 사무장에게 구두 또는 전자 보고 방식으로 전달한다. 객실 사무장은 전체 점검 상황을 종합하여 기장 및 관련 부서에 보고하고, 이상이 없는 경우 해당 단계는 종료된다.

(4) 기내 시스템 및 설비 점검

기내 탑승 전 객실승무원은 다음의 항목에 따라 기내 설비 및 시스템의 정상 작동 여부와 상태를 점검해야 한다.

① 커뮤니케이션 시스템 점검

PA(Public Address) 시스템은 기내에 설치된 스피커를 통해 승객에게 서비스 및 안전에 관한 정보를 전달하는 장비이다.

객실 사무장 또는 담당 승무원은 출발 전 간단한 방송을 실시하고, 나머지 승무원은 Zone별로 이를 청취하며, 방송 상태 및 볼륨, 음질, 이상 유무를 확인한다.

방송은 핸드셋(Handset)의 Push To Talk 버튼을 누른 상태에서 수행되며, 모든 구역에서 음성이 정확히 송출되는지 확인해야 한다.

② 인터폰 시스템

인터폰 시스템은 객실 내 승무원 간, 혹은 조종실과의 음성 통신을 위해 사용하는 장비로, 모든 기내 상황에 신속히 대응하기 위한 중요한 통신 수단이다.

■ 사용 방법 및 점검

통화를 원하는 Station의 숫자 또는 지정된 패널 버튼을 누르면 해당 Station의 Master Call Display에 불빛(Red Light)이 점등되고, Hi/Low Chime이 울린다.

객실 사무장은 비행 전 인터폰 시스템이 정상 작동하는지를 임의(Random)로 지정된 위치에서 점검한다.

■ Master Call Display

Master Call Display는 불빛과 Chime을 통해 호출(Call) 신호를 전달하는 장치로, 각 Zone의 Galley나 Jumpseat 인근 천장에 설치되어 있다. 호출 위치에 따라 불빛의 색상이 다르게 나타나며, Chime 소리와 함께 해당 호출의 의미를 즉시 파악할 수 있다.

Light 색상	호출 내용
Blue	승객이 좌석에서 승무원을 호출한 경우
Amber	승객이 화장실에서 승무원을 호출한 경우
Red	조종실 또는 다른 Station의 승무원이 호출한 경우

③ 조명 시스템 점검

객실 조명 시스템 점검(Cabin Light System Check)은 객실 사무장과 부사무장이 담당하며, 조명 밝기를 단계별로 조절하면서 이상 유무를 확인한다.

갤리에 설치된 조작 패널을 통해 장비가 정상 작동하는지 확인하며, 이 작업은 갤리 담당 승무원이 함께 수행한다.

④ 갤리 설비 점검

갤리 담당 승무원은 비행 전에 각종 설비가 정상 작동되는지 이상여부를 점검해야 한다.

- 오븐
- 워머
- 커피메이커
- 워터보일러(airbleeding)
- drain
- 냉장고
- 쓰레기통

⑤ 화장실 시스템 점검

담당 승무원은 화장실 청결 상태 및 장비 작동 여부를 점검한다.

스모크 디텍터, 플러시 버튼, 쓰레기통 스프링, 롤페이퍼, 핸드페이퍼, 액체 비누 등 소모품 비치 상태까지 꼼꼼하게 확인해야 한다.

이상 징후나 비정상적인 작동이 있을 경우 즉시 객실 사무장에게 보고한다.

⑥ 승객 좌석 설비 점검

승무원은 탑승 전 각 구역의 승객 좌석 상태를 면밀히 확인해야 한다. 좌석은 팔걸이(Armrest), 발받침대(Footrest), 안전벨트, 식사용 테이블(Tray Table), 앞주머니(Seat Pocket), 개인용 모니터 등으로 구성된다. 승객이 필요할 때 점등할 수 있는 독서등(Reading Light), 안전벨트 · 금연 표시등, 승무원 호출 버튼 등은 PSU(Passenger Service Unit)에 포함되며, 기종에 따라 AVOD(Audio Video On

Demand System)와 리모컨이 함께 설치되어 있기도 하다. 이러한 장비들은 기종별 사양과 작동 방식이 모두 다르므로, 비행 전 충분히 숙지하여 정상 작동 여부를 점검해야 한다.

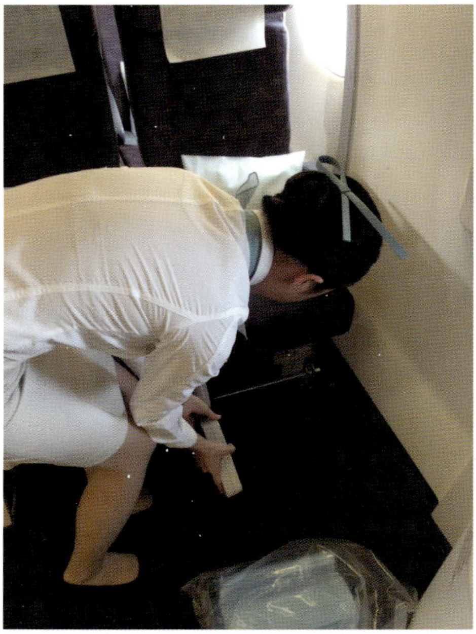

승객 좌석 설비 점검

객실 사무장은 또한 비행 중 사용될 물(Portable Water)과 기내 온도, 오디오 시스템(비행 전 브리핑 · 기내음악), 비디오 시스템 등 항공기 내 주요 설비들이 제대로 작동하는지 확인해야 한다. 만약 객실 내 어느 한 부분에서 이상 징후가 발견되면 즉시 기장에게 보고하고, 출발 전에 정비사에게 해당 사항을 전달하여 조치를 취해야 한다.

(5) 객실 청결 상태 점검

지상 조업원이 청소를 마친 후, 객실승무원은 담당 구역별로 청결 상태를 재점검한다.

점검 항목에는 좌석 상태, 테이블, seatpocket 내 쓰레기, 플로어 청소 상태, 갤리 및 화장실의 세면대, 휴지통 등의 세부 청결 항목이 포함된다.

청소 상태가 불량하거나 미흡한 경우 즉시 보고하여 재청소(Re-cleaning)를 요청한다.

(6) 지상 서비스 준비

객실청소 상태 확인 완료 후, 지상 서비스 준비와 서비스용품 탑재 점검, 특별기내식 탑재 점검과 승객과의 확인 절차를 실시한다.

지상 서비스 준비에는 클래스에 따라 어메니티 키트(amenity kit), 신문, 헤드폰, 환영 음료 등이 포함된다.

① 지상 서비스 용품

Amenity Kit란 중 · 장거리 노선의 탑승객에게 제공되는 개인 위생 및 편의용품 세트로, 클래스별로 구성과 품질에 차이가 있으며, 항공사마다 브랜드 전략에 따라 고유의 디자인과 품목 구성을 갖춘다. 승객의 피로를 줄이고 쾌적한 비행 환경을 조성하기 위한 목적이다.

- **최근 국내 항공사의 트렌드**
  - 친환경 어메니티 도입

    일회용 플라스틱을 줄이기 위해 재활용 섬유 파우치, 생분해성 칫솔, 무향 저자극 제품 등을 적용하고 있다.
  - 브랜드 협업 강화

    해외 유명 코스메틱 브랜드(예: L'Occitane, HERA, BELIF 등)와 협업하여 고급 이미지를 부각하고 승객 만족도를 높이고 있다.

- 시즌/노선 맞춤형 구성

  장거리 노선 및 야간 항공편에 특화된 어메니티를 별도 구성하거나, 특정 시즌(크리스마스, 추석 등)에 한정 디자인 제품을 도입한다.

- 건강 · 위생 중심 재구성

  코로나19 이후 위생 키트(손소독제, 마스크 등)가 포함되거나, 요청 시 별도 제공되는 등 개인 위생 중심으로 변화하였다.

■ 운영 시 유의 사항

Amenity Kit는 출발 전 객실 브리핑에서 수량 및 상태 확인 후 정리해야 하며, 클래스별 정확한 수량이 탑재되어야 한다.

누락 · 불량이 있는 경우 즉시 지상에 보고하여 대체품 요청 또는 서비스 보완 방안을 마련해야 한다.

일부 제품은 승객 요청 시 개별 제공 원칙을 따르며, 탑재된 수량이 제한되어 있기 때문에 무분별한 사용을 피해야 한다.

[지상 서비스 사진]

신문카트 차림

실무 Tip

Amenity Kit는 항공사가 제공하는 감성 서비스의 핵심이자, 탑승객의 만족도를 결정짓는 요소이다. 단순한 물품 제공이 아닌 브랜드 이미지 강화 수단으로 인식하고, 제공 태도와 응대도 그 수준에 맞춰야 한다.

② 특별기내식 승객과의 확인 실시

특별기내식(Special Meal)은 승객의 종교, 건강, 연령, 식습관 등을 고려하여 일반기내식과는 다른 방식으로 사전 준비되는 식사이다. 대부분 출발 최소 24~48시간 전 사전 요청을 통해 준비되며, 항공사와 노선에 따라 제공되는 식사의 종류가 다를 수 있다.

특별기내식 주문 내역은 S.H.R.(Special Handling Request) 문서를 통해 확인 가능하며, 기내식 점검 담당 승무원은 출발 전 탑재 여부를 반드시 확인해야 한다.

이후 지상서비스 시점에, 해당 특별기내식 주문 승객을 응대하여 특별기내식 주문여부 재확인 절차를 진행한다.

2) 객실 용품 알아보기

승객 탑승 전에 지상서비스부터 비행 중 승객 서비스를 위해서 객실승무원은 각 Duty에 해당하는 서비스 준비 업무를 해야 한다. 이를 위해 객실 용품을 승객 탑승 전에 확인해야 한다.

객실용품이란 기내에 설치된 설비 · 장비를 제외하고, 기내에 탑재되는 모든 물품으로 서비스 용품(Service Items) 과 서비스 기물(Service Equipment)로 나뉜다.

서비스 용품	기내식, 기내 음료, 소모품, Amenity Kit, 헤드폰베개, 담요, 신문, 잡지 등
서비스 기물	Cart, Linen, Tray, Cutlery, Glassware, Chinaware 등

객실용품은 해당 편의 탑승객 수와 비행노선(장거리 · 단거리)에 따라 종류와 수량이 달라지며, 다음의 항목들을 중심으로 점검한다.

- 필요한 모든 객실용품이 정확한 수량으로 탑재되었는지 점검
- 각 용품의 특성과 용도를 숙지하여 상황에 맞게 사용할 준비가 되어 있는지 점검

(1) 서비스 용품

① 기내식

기내식은 비행 중 승객에게 제공되는 식사를 말한다. 단순히 허기를 달래는 것을 넘어, 최근에는 비행 경험의 즐거움을 더해 주는 중요한 서비스 수단으로 자리 잡았다. 고급스러운 메뉴 구성과 세심한 테이블 세팅은 승객이 느끼는 항공사의 이미지를 좌우하며, 기내식의 수준은 곧 서비스 품질의 척도가 되기도 한다.

메뉴는 다수의 승객이 건강하고 만족스럽게 즐길 수 있도록 한식 · 양식 · 일식 · 중식 · 현지 특선 등 다양한 옵션으로 개발되며, 약 3개월마다 새로운 구성

으로 교체된다. 또한 항공 노선, 비행 시간, 객실 등급에 따라 제공되는 메뉴가 달라지기 때문에, 승무원은 출발 전 해당 항공편의 기내식 종류와 수량, 유효 기간 등을 반드시 숙지해야 한다.

가. 클래스별 기내식의 특징

구분	제공 방식	승객 선택 폭
일등석	정통 코스 요리(Course)	주요리 3~4종 중 1가지 선택
비즈니스석	세미 코스(Semi-Course) + 테이블 프레젠테이션 방식	주요리 3~4종 중 1가지 선택
일반석	프리셋 트레이(Pre-set Tray)	주요리 2~3종 중 1가지 선택

- 일등석(First Class)
  - 3~4코스 구성의 서양식 정통 코스를 제공한다.
  - 승객이 원하는 시간에 맞춰 개별 서비스가 이루어진다.
  - 일류 셰프의 엄선된 메뉴가 호텔급 테이블웨어에 세팅된다.
- 비즈니스석(Business Class)
  - 주요 코스는 유지하되, 전체 코스를 약식으로 축소한 세미 코스 형태이다.
  - 테이블 위에 메뉴를 직접 보여 주는 Presentation 방식을 적용한다.
  - 기내식 · 음료 · 디저트 중 일부를 승객이 직접 보고 선택할 수 있다.
- 일반석(Economy Class)
  - 한 번에 모든 구성품(Main Dish, Bread, Dessert 등)이 준비된 트레이를 제공한다.
  - Pre-set Tray 방식으로 간편하게 식사가 이루어진다.
  - 주요리 2~3종 중 승객이 한 가지를 선택한다.

[한식 Tray 사진]

출처: https://live.staticflickr.com/4043/4526344682_61a13ceb77_b.jpg

나. 한식 비빔밥 Tray 구성

- Main Dish: 비빔밥(고기 · 나물 · 채소), 국
- 한식 반찬(김치, 나물 등)
- 소스류(고추장, 참기름)
- 디저트
- 음료: 와인잔, 커피잔
- Cutlery(포크 · 스푼 · 나이프 등)

[양식 Tray 사진]

출처: https://img.freepik.com/premium-photo

다. 양식 Tray 구성

- Main Dish(핫밀 · 스튜 등)
- 빵 & 버터
- 샐러드
- 디저트
- 음료: 와인잔, 커피잔
- Cutlery(포크 · 스푼 · 나이프 등)

② 기내식 탑재 점검 절차

기내식 탑재 업무는 다음과 같은 순서에 따라 체계적으로 이루어진다. 각 단계마다 담당 승무원과 확인 항목을 명확히 구분하여, 누락 없이 점검해야 한다.

■ 업무 배정 확인

기내식 탑재 점검 담당은 주로 갤리 듀티 승무원이다.

아래의 배정표의 "Catering Seal CHK" 항목에 할당된 FAG, CVG, YDG Duty 승무원이다.

Duty	RANK	TEAM	NAME	J/S	Duty	RANK	TEAM	NAME	J/S	Duty	RANK	TEAM	NAME	J/S
FAL	SS13	0203	김*수	R1	FAG	AP11	0113	김*희	R1	FAR	SS15	0113	김*린	R2
CUL	AP17	0203	박*연	UR1	CUG	PS17	0203	박*후	UL1	CVR	SS11	0203	박*호	R2
CVL	SS11	0203	이*호	UL2	CVG	AP13	0203	이*진	UR1	CVS	PS17	0113	이*윤	UL3
CWL	SS11	0113	정*은	R5	YBG	PS12	0113	정*나	L2	YBR	SS16	0203	정*윤	R2
YBL	SD14	0113	손*현	L2	YCG	SS01	0203	손*안	L4	YCR	SS15	0203	손*우	R3
YCL	SS16	0113	장*윤	L3	YDG	AP15	0203	장*준	R4	YDR	SS16	0203	장*진	R4
YDL	SS16	0113	한*빈	L4	DFS	AP17	0113	한*윤	L5					

■ Seal Number 수령 및 대조

Catering Manager로부터 받은 Seal Number 인수인계서를 수령한다.

인수인계서에 기재된 Seal 번호 옆에 '○' 표시로 점검 완료 여부를 표시한다.

Cart 및 Carry-on Box에 부착된 실제 Seal 태그의 번호가 인수인계서와 정확히 일치하는지 확인한다.

Note: Cart와 Carry-on Box는 보안상의 이유로 반드시 밀봉(Sealing)되어야 하며, Seal이 훼손되지 않은 상태임을 원칙으로 한다.

■ 기내식 탑재 현황 초기 확인

Main Dish(메인 디시)는 오븐(Oven)에, Tray(기내 트레이)는 지정된 Cart에 탑재되어 있다. 각 오븐과 Cart 앞면 라벨을 통해 개수와 클래스별 배치가 정확한지 살핀다.

■ Main Dish 상태 점검

오븐 내부에 적재된 Main Dish의 개수를 재확인하고, 포장 상태(밀봉, 파손 여부)를 점검한다. 필요시 식품의 겉면 라벨에 표시된 제조 일자 · 유효기간을 확인한다.

■ Tray 및 구성품 점검

Cart에 적재된 Tray의 총 개수와 위치 배치가 인수인계서와 일치하는지 확인한다.

Tray 1개당 기본 구성품(메인 디시 · 사이드 디시 · 소스 · 유제품 · 식기류 등)을 점검한다.

약 5% 비율로 랜덤 샘플링하여, 제조 일자 · 유효기간 · 포장 이상 여부를 세부 확인한다.

■ 점검 결과 보고 및 인계

각 Class별 점검을 완료한 승무원은 점검 내역을 객실 사무장에게 보고한다. 객실 사무장은 Catering Manager로부터 받은 '기내식/객실 용품 인계인수서'와 실제 탑재 현황을 대조하여 일치 여부를 최종 확인한다.

- Seal 번호 불일치, 수량 · 구성품 미비, 유효기간 경과 등 이상 사항이 발견되면 즉시 Catering Manager 및 기장에게 보고한다. 출발 전 정비부서(혹은 지상 서비스 부서)에 문제 내용을 전달하여 필요한 조치를 시행한다.
- 기타 필요한 Service Item 등 추가 물품은 상황에 따라 별도로 Order하며, 항공기 출발 25분 전까지 탑재가 완료되도록 한다. 항공기의 정상적인 운항을 위해 Standard Loading은 반드시 준수되어야 한다.

이와 같은 단계별 점검 절차를 통해, 기내식 서비스의 안전성, 위생성, 정시성을 확보할 수 있다. 정해진 양식과 순서에 따라 꼼꼼히 수행하여야 한다.

기내식/객실용품 인계인수서

12/[illegible]/2008

FLT NO : **KE765** A/C : B744
HL No : 7495 DATE :

구분	CLS	Normal Meal		Special Meal
		OUT / B	IN / B	
기내식	FR	0		
	PR	18 +2 ADD = 20		
	EY	TTL 240 PORK 120 BEEF 120	TTL	MA 1. BB 1
	Crew	C/C : 2 CA : 16		

Item	Unit	FR	PR	EY	Remark
주류/음료	Cart	1	2	3	
소모품	C/box	1			
	Draw		4	5	
기물류	Cart	1			
	C/box		3	2	PR HOT CUP BULK 탑재
GLASS	Cart	1	2		
CHINA	Cart	1	2		
메뉴북	C/box	1	2		
슬리퍼	Bag	2	5		
헤드폰	EA	24	61 / 61		EY EAR Phone : 400 ea
	EA	-	-	-	
린 넨	PK	1	2		
타 월	장	30	80		
생수(1.5 L)	Box	1	2	1	
잡 지	Bag	1		1	
고추장	Box		2 Box		
임신부용A/KIT				-	
Bassinet	EA	O/B : /	I/B : /	TTL : /	
	EA	-	-	-	CHD G/Away : 15 / 10
신문	PK	O/B : 5 pk.	I/B : 6 pk		복편신문 기내 탑재 확인(2c-b6)

기내식/객실용품 인수인계서

출처: 대한항공.

③ 특별기내식

특별기내식(Special Meal)은 승객의 종교, 건강, 연령, 식습관 등을 고려하여 일반기내식과는 다른 방식으로 사전 준비되는 식사이다. 대부분 출발 최소 24~48시간 전 사전 요청을 통해 준비되며, 항공사와 노선에 따라 제공되는 식사의 종류가 다를 수 있다.

특별기내식 주문 내역은 S.H.R.(Special Handling Request) 문서를 통해 확인 가능하며, 기내식 점검 담당 승무원은 출발 전 탑재 여부를 반드시 확인해야 한다.

■ 특별기내식의 분류

가. 종교식

- 힌두교식(Hindu Meal/HNML): 쇠고기를 먹지 않는 힌두교도 대상 식사
- 회교도식(Moslem Meal/MOML): 돼지고기를 포함하지 않는 이슬람교도 대상 식사
- 유대교식(Kosher Meal/KSML): 유대교 신봉자인 유태인 종교음식으로, 종교법에 따라 조리된 완제품 형태로 제공하며, 밀봉 상태로 서비스

나. 채식식

- 서양채식(Vegetarian Lacto-Ovo Meal/VLML): 생선류, 가금류를 포함하는 모든 육류는 제외하나 계란 및 유제품 포함
- 엄격한 서양채식(Vegetarian Vegan Meal/VGML): 생선류, 가금류 등의 모든 육류 및 계란, 유제품을 제외한 엄격한 채식
- 인도 채식(Vegetarian Hindu Meal/AVML): 생선류, 가금류를 포함한 모든 육류와 계란을 사용하지 않으며, 유제품은 포함하는 인도식 채식
- 엄격한 인도 채식(Vegetarian Jain Meal/VJML): 생선류, 가금류를 포함한 육류와 계란, 유제품을 모두 제외하며 양파, 마늘, 생강 등의 뿌리 채소 사용 없이 준비한 엄격한 인도식 채식
- 동양식 채식(Vegetarian Oriental Meal/VOML): 생선류, 가금류, 계란, 유제품 사용이 불가하나 양파, 마늘, 생강 등의 뿌리식품은 사용 가능한 동양식 채식 메뉴(주로 중식 조리)
- 생야채식(Raw Vegetarian Meal/RVML): 생야채, 생과일 주스 등으로 구성되며 카페인 함유 음료나 가공식품은 제공 불가한 순수 생채식

다. 건강식

- 당뇨식(Diabetic Meal/DBML): 열량, 단백질, 지방, 당질 섭취량을 조절하며 균형 잡힌 식단
- 저자극식(Bland Meal/BLML): 소화 장애 환자 또는 수술 후 회복 중인 승객 대상 부드럽게 조리된 식사
- 저열량식(Low Calorie Meal/LCML): 체중 조절 목적의 저칼로리 식사
- 저지방/콜레스테롤식(Low Fat Meal/LFML): 지방과 육류 기름을 제거한 식사로 비만증·심장병 환자 대상
- 저단백식(Low Protein Meal/LPML): 육류, 계란, 유제품 등 고단백 식품을 제한하여 하루 단백질 섭취량을 40g 이하로 구성
- 저염식(Low Salt Meal/LSML): 소금과 포함된 제품을 사용하지 않으며 하루 염분 섭취량을 5g 이하로 제한
- 고섬유식(High Fiber Meal/HFML): 만성 변비 환자 대상, 곡류·과일·채소 중심으로 식이섬유 20~25g 포함 식사
- 글루텐 제한식(Gluten Intolerant Meal/GFML): 식재료 내 글루텐 함량을 엄격히 제한한 식사
- 저유당식(Low Lactose Meal/NLML): 유당 소화에 장애가 있는 승객에게 제공, 모든 유당 함유 유제품 제외
- 저퓨린식(Low Purine Meal/PRML): 통풍이나 요산 결석 등의 대사 장애 환자 대상 퓨린과 지방 제한 식사

라. 유아 · 아동식

- 유아식(Baby Meal/BBML): 24개월 미만 유아 대상, 이유식이나 아기용 주스 중심
- 아동식(Child Meal/CHML): 만 2세 이상 12세 이하 어린이 대상, 햄버거 · 스파게티 · 자장면 · 피자 등 다양한 메뉴 제공
- 유아용 아동식(Child Meal for Infant): 24개월 이하 영유아 중 신체발육이 빨라 아동식 취식이 가능한 경우에 신청에 따라 제공, 아동식과 메뉴 구성이 동일

마. 기타 특별식

- 해산물식(Seafood Meal/SFML): 생선 및 해산물을 중심으로 곡류, 야채, 과일을 조합한 식사
- 과일식(Fruit Platter Meal/FPML): 신선한 과일만으로 구성된 식사
- 자연식(Macrobiotic Meal/SPML): 생식 위주, 미가공 곡류 · 해조류 등 포함한 자연식 식단

■ IATA 공식 SPML CODE

1. 종교식

명칭	약어
힌두교식	HNML
이슬람식	MOML
유대교식	KSML

2. 채식류

명칭	약어
서양채식	VLML
엄격한 서양채식	VGML
인도식 채식	AVML
엄격한 인도채식	VJML
생채식	RVML
동양식 채식	VOML

3. 건강식

명칭	약어
당뇨식	DBML
저자극식	BLML
저칼로리식	LCML
저지방/콜레스테롤식	LFML
저단백식	LPML
저염식	LSML
고섬유식	HFML
글루텐 제한식	GFML
락토스 제한식	NLML
저퓨린식	PRML

4. 유아/아동식

명칭	약어
유아식	BBML
아동식	CHML

5. 기타

명칭	약어
해산물 식사	SFML
과일 식사	FPML
자연식	SPML

④ 기내 음료 탑재 및 점검

기내에서 제공되는 음료는 항공사의 노선, 클래스 등에 따라 다양하게 구성되며, 일반적으로는 무알콜 음료와 주류로 나뉜다.

식사 서비스 전에는 고객의 식사를 돕기 위한 음료로 주로 주스나 탄산음료 등의 Soft Drink가 제공된다.

식사 중 또는 식사 후에는 승객의 요청에 따라 와인, 맥주 등의 주류가 제공되며, 후식과 함께 차(Tea)나 커피 등의 따뜻한 음료도 함께 서비스된다.

구분	음료 종류
무알콜 음료	생수(Mineral Water), 주스류, 탄산음료(Soft Drink), 믹서류(Mixer), 커피, 차(Tea), 우유 등
알콜 음료	와인(Wine), 샴페인(Champagne), 위스키(Whiskey), 브랜디(Brandy), 리큐어(Liqueur), 맥주 등

⑤ 기내 면세품 탑재 및 점검

기내 면세품은 판매 준비부터 점검, 정산까지 일련의 절차를 거쳐 관리된다. 특히 판매 담당 승무원은 항공기 탑승 전부터 관련 업무 지침을 충분히 숙지하고, 그 내용을 다른 승무원들과 공유해야 한다.

■ 기본 점검 절차

- 업무 지시사항 확인 및 공유

  면세품 담당 승무원은 출발 전 지상 근무자로부터 전달받은 면세품 관련 지시사항을 확인하고, 이를 브리핑 시간에 전 승무원에게 전달하여 정보를 공유한다.

- 필수 물품 수령

  수납창구에서 판매에 필요한 잔돈(Change Money), 머니백(Money Bag), 가격표 등을 수령한다.

- 탑재 확인

  항공기에 탑승한 후, 면세품이 담긴 카트 및 컨테이너의 **빨간색 봉인(Seal)**이 제대로 부착되어 있는지 확인한다.

- Seal 번호 일치 여부 확인

  봉인 번호가 면세품 인수 명세서에 기입된 번호와 일치하는지 대조하여 기록한다.

- 탑재 리스트 확인

  면세품 탑재 리스트에 따라 품목, 수량, 상태 등을 점검한다.

- 보조 물품 확인

  판매에 필요한 장비(쇼핑백, POS, 계산기, 영수증 등)도 함께 확인하고, 누락된 항목이 없는지 확인한다.

- 이상 발생 시 보고

  탑재 이상이나 수량 불일치가 있을 경우, 객실사무장에게 즉시 보고하여 지상과의 협조를 요청한다.

- 면세품 자리 관리

  기내 면세품은 상품 가치가 높고 분실 위험이 있으므로, 판매 외 시간에는 좌석이나 승객이 접근할 수 있는 공간에 방치해서는 안 된다.

출처: 대한항공 스카이샵(https://www.koreanairdfs.com).

■ 최근 국내 항공사의 운영 실태

최근 국내 주요 항공사에서는 다음과 같은 방식으로 면세품 업무를 보다 효율적으로 운영하고 있다.

- 디지털화된 POS 시스템 도입

  대부분 항공사가 무선 POS(Point of Sale System) 단말기를 이용해 실시간으로 판매 내역, 재고, 정산 기록을 관리한다. 이 시스템은 판매 직후 영수증 자동 출력, 세금 계산, 상품별 판매 통계 등의 기능을 지원한다.

- 전자 서명 및 자동 보고 기능

  탑재 확인 및 판매 실적 보고는 태블릿 혹은 POS에 전자 서명으로 처리되며, 지상관리 시스템으로 자동 전송된다.

- 사전 주문제 시스템(Pre-Order Duty Free)

  일부 항공사는 승객이 항공기 탑승 전에 모바일 앱이나 홈페이지를 통해 면세품을 미리 주문하고, 기내에서 수령할 수 있도록 운영하고 있다. 이는 재고 부담을 줄이고, 승객 만족도를 높이는 방식이다.

- 현금 없는 거래(Cashless Operation)

  보안과 효율성을 위해 현금 사용을 제한하거나, 전면 금지하고 카드 또는 모바일 결제만 허용하는 항공사도 증가하는 추세이다.

- 제품 단가 자동 비교

  POS에서 실시간 환율 및 공항 매장 가격과 연동하여, 승객에게 가장 유리한 가격이 자동 적용되도록 설정한 시스템도 도입되고 있다.

Tip

기내 면세품 업무는 단순 판매가 아닌, 보안 · 회계 · 고객 응대가 복합된 고난도 업무로 간주된다. 따라서 사전 준비, 정확한 장비 사용, 책임 있는 보관 및 정산 처리가 필수이다.

제주항공 기내 면세점 안내 책자

⑥ 기타 서비스 용품 및 DRY ITEM

- Amenity Kit: 항공기 내에서 장거리 노선을 이용하는 승객에게 제공되는 개인 위생 및 편의용품 세트

- Dry item

기내 서비스 운영에 필요한 각종 소모품 중에서 비음식류에 해당하는 품목들을 말한다. 이는 승객 응대뿐만 아니라 객실 내 청결 유지, 위생, 편의 제공 등을 위해 반드시 필요한 필수품목으로 분류된다.

대부분은 비식품성, 비가열품으로, 장기간 보관이 가능하며, 정해진 위치(컨테이너, 컴파트먼트 등)에 보관된다.

드라이 아이템은 갤리 내의 Compartment 또는 Container(드로어 형태)에 탑재되며, 보통 Carry-on Box에 함께 실리기도 한다.

각 보관함에는 품목명과 수량, 탑재 위치를 표시한 라벨이 부착되어 있어, 누락 또는 과잉탑재 여부를 육안으로 빠르게 점검할 수 있다.

최근에는 색상 코드나 QR 라벨을 통해 디지털 관리가 가능한 방식으로 전환되는 추세다.

■ 관리 시 유의 사항

- 모든 드라이 아이템은 지정된 위치에 정돈되어 있어야 하며, 사용 후 즉시 보충 여부를 확인한다.
- 유효기간이 있는 품목(티백, 물티슈 등)은 정기적으로 점검하여 폐기 및 교체가 필요하다.
- 사용 빈도가 높은 품목은 초과 수량을 사전 요청하여 예비용으로 확보해 두는 것이 바람직하다.
- 항공사별 표준 탑재 수량을 확인하고, 과잉 또는 누락이 없도록 체크리스트에 따라 점검한다.

3) 서비스 기물

■ 갤리 내 객실용품 탑재 구조

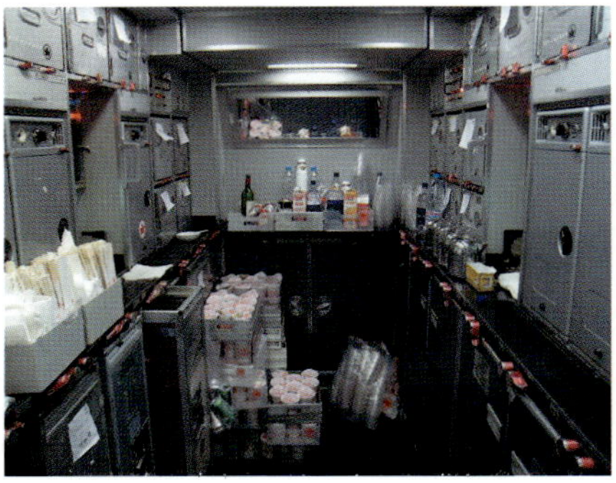

갤리는 항공기 내에서 식음료 및 서비스 용품을 보관하고 준비하는 공간으로, 승무원이 기내 서비스를 수행하는 핵심 장소이다.

이 공간에는 각종 기물과 용품들이 효율적으로 정리되며, 물품을 탑재 및 보관하는 공간은 다음과 같이 두 가지로 구성되어 있다.

- **Carry-on Box**

항공기에서 쉽게 실고 내릴 수 있도록 고안된 박스형 용기로, 이동성과 실용성을 겸비한 수납 장비이다. 다양한 음료나 건조식품, 소모품 등을 담아 보관한다.

- **Compartment**

항공기 내부에 고정되어 있는 저장 공간으로, 클래스별 기내식, 서비스용품, 비상물품 등을 안전하게 보관할 수 있도록 설계되어 있다.

① 카트(Cart)

기내에서 사용되는 카트는 Meal Cart, Beverage Cart, 면세품 Cart 등 다양한 용도로 운용되며, 항공사에 따라 Serving Cart 또는 Trolley로도 불린다. 최근에는 초경량 알루미늄 소재의 카트가 도입되어, 작업 피로도를 줄이고 연료 효율을 높이는 데 기여하고 있다.

- **상위 클래스**: 주로 식사 및 음료 서비스와 식기 회수 시 사용
- **일반석**: 간단한 음료 서비스, 헤드폰 서비스 등 간편한 용도로 활용

② 트레이(Tray)

서비스 용도와 클래스에 따라 다양한 크기와 형태의 트레이가 사용된다. Large tray/Small tray/2/3 tray 등 크기에 따라 구분한다.

- **실버 트레이**: 상위 클래스에서 사용되며 고급스러운 재질과 디자인을 갖춤
- **Tray Mat**: 미끄럼 방지 및 위생을 위해 함께 세팅됨

국내 항공사는 최근 재사용 가능한 경량 플라스틱 트레이를 적극 도입하고 있으며, 이는 환경보호 및 운송 효율 측면에서 각광받고 있다.

③ 커틀러리(Cutlery)

기내 식사 시 제공되는 커틀러리는 클래스에 따라 구성과 재질이 달라진다.

- **일반석:** 스테인리스 재질의 포크, 나이프, 스푼 등 기본형 사용
- **프리미엄 클래스:** 실버(도금 또는 광택 처리된 고급 재질) 커틀러리와 개별 포장 제공

국내 항공사들은 위생 강화를 위해 기내 세척 대신 외부 위탁 세척 시스템을 도입하거나, 일정 비율로 친환경 일회용 커틀러리를 사용하는 추세다.

④ 기타 서빙 도구(Serving Tool)

서빙 시 사용되는 다양한 도구는 서비스 효율성과 품격을 높이기 위해 준비된다.

- Tongs: 타월 집게(Towel tong), 아이스 집게(Ice tong), 빵 집게(Bread tong) 등
- Pot: 차나 커피를 제공할 때 사용하는 단열 용기
- Basket: 빵 바구니(Bread basket), 타월 바구니(Towel basket)
- Wine Opener/Stopper/Ice Scoop/Ice Bucket 등도 필요에 따라 준비됨

□ 최근에는 다회용 스테인리스 바구니나 내열 전용 보온포트를 채택하여, 위생성과 열 보존력을 강화하는 트렌드가 확산되고 있다.

항목	최신 트렌드
Cart	초경량 카트 도입/서비스별 색상 구분
Tray	경량 재질, 반복 사용 가능한 친환경 트레이
Cutlery	위탁 세척 + 친환경 일회용 혼합 사용
Tool	다기능 보온 용기/위생 중심 구성 확대

4) 객실 용품 취급 시 주의사항

■ 객실 서비스 기물 사용 시 유의 사항

기내 서비스 기물은 승객에게 안전하고 품격 있는 서비스를 제공하기 위해 사용하는 필수 도구이다. 이러한 기물은 반복 사용되는 만큼 청결, 안전, 정리 상태가 매우 중요하며, 올바른 사용법을 숙지하고 관리하는 것이 승무원의 기본 임무이다.

① 위생 관리

모든 기물은 세척 및 소독이 완료된 상태로 사용되어야 하며, 오염이 의심될 경우 즉시 교체한다.

사용 중 식음료가 묻거나 흘렀을 경우, 즉시 닦아 내고 재정비한다.

기물 보관함 및 갤리 내 보관 위치도 정기적으로 위생 상태를 점검해야 한다.

② 안전한 운용

Cart나 Pot 등 뜨거운 음료를 담은 기물은 두 손으로 안정적으로 운반해야 하며, 기내 흔들림에 대비해 속도를 조절한다.

Tongs, Ice scoop 등 날카로운 도구는 조심스럽게 사용하며, 사용 후 정해진 위치에 보관한다.

기물의 손잡이나 바퀴가 파손되어 있으면 즉시 사용을 중지하고 보고한다.

③ 정돈과 정리

사용 후 기물은 반드시 정해진 위치에 정확히 정리하고, 엉뚱한 곳에 방치하지 않는다.

서비스 중 사용한 기물은 다음 승무원이 쉽게 다시 사용할 수 있도록 정돈된 상태로 정리한다.

재사용 트레이, 포트, 바구니 등은 물기 제거 후 깔끔하게 정렬해야 한다.

④ 클래스별 구분 사용

퍼스트 및 비즈니스 클래스에서는 고급 기물이 사용되므로, 기스나 오염 없이 섬세하게 취급해야 한다.

일반석 기물과 혼용하지 않도록 관리하고, 클래스 간 기물 혼입을 방지해야 한다.

⑤ 업무 효율 및 고객 응대 고려

기물을 다룰 때 승객 동선에 방해되지 않도록 위치를 조정하며, Cart는 복도 중앙에 두지 않는다.

Pot이나 Basket을 서비스 중 승객 눈높이에 맞게 사용하여 편안함을 제공한다.

고객 요청이 있을 경우, 기물의 상태나 내용물을 먼저 확인한 뒤 제공해야 한다.

실무 Tip

기물은 단순한 도구가 아니라, '서비스의 얼굴'이다. 깔끔하고 안전하게 관리된 기물은 승무원의 전문성과 항공사의 품질을 동시에 드러낸다. 항상 청결과 질서를 유지하며 다뤄야 한다.

2. 이륙 전 업무

승객 탑승 중 업무

승객 탑승(Boarding) 준비

객실 사무장은 기장으로부터 승객 탑승 허가를 받은 후, 탑승 개시를 전 승무원에게 전달하고 지상 직원에게 Boarding Sign을 제공한다. 이로써 본격적인 탑승 준비가 시작된다.

국제선 항공편의 경우, 항공기 기종에 따라 다소 차이가 있으나 일반적으로 탑승은 출발 시간 기준 약 30~40분 전에 시작된다. 이는 탑승 절차에 소요되는 시간을 충분히 확보하고, 승객의 원활한 착석과 기내 준비를 위함이다.

탑승 개시 약 2분 전이 되면, 객실승무원은 자신이 담당하는 구역의 오버헤드 빈(Overhead bin)을 모두 열어 두고 스탠바이 상태로 대기한다. 이는 승객의 휴대 수하물 보관을 원활하게 돕고, 빠르고 질서 있는 탑승을 유도하기 위한 조치이다.

한편, 객실 사무장은 Boarding Music을 작동시키고, 기내 분위기를 부드럽게 전환하기 위해 음악의 볼륨이 너무 작거나 크지 않도록 적절하게 조절한다. 탑승 음악은 승객에게 환영의 인상을 줄 수 있는 중요한 요소이므로 세심한 주의가 요구된다.

1) 승객 탑승

(1) 승객 탑승 시 객실승무원의 올바른 자세

승객이 항공기에 탑승하는 순간은 객실승무원과의 첫 만남이 이뤄지는 매우 중요한 시점이다. 승객이 기내에 들어서는 순간부터 객실승무원은 항공사의 브랜드 대사로서, 미소 · 언어 · 행동 모두가 서비스의 일부임을 명심해야 한다.

승객 탑승 시점에 승객에게 좋은 인상을 심어 주는 것은 전체 비행의 성패를 좌우한다.

① Boarding 위치에서의 대기

탑승 시작 전 지정된 도어(L1, L2 등) 앞에서 정위치 대기한다.

객실 복도(Aisle)에서 맞이하는 승무원은 객실 중앙으로 나와서 승객들을 맞이할 준비를 한다. 승객이 탑승을 시작하면 한 명 한 명을 향해 시선을 맞추고 자연스러운 미소로 맞이할 수 있도록 한다.

② Door 담당 승무원의 역할

도어 담당 승무원은 승객과의 첫 대면자로서, 전체 비행의 서비스 인상을 좌우할 수 있다.

단순한 환영이 아니라, 승무원 전체의 전문성, 친절도, 서비스 의지를 대표하는 순간임을 인식해야 한다. 도어 승무원은 특히 탑승 초반 분위기를 부드럽게 만들기 위해 적극적인 아이컨택과 상황 판단 능력을 발휘해야 한다.

■ 밝은 표정과 시선처리

표정은 말보다 더 많은 메시지를 전달하는 비언어적 요소로, 첫 인상을 결정짓는 핵심이다. 객실승무원은 항상 미소 띤 얼굴로 승객을 반기며, 따뜻하고 환영하는 분위기를 조성해야 한다. 이는 단지 친절함을 나타내는 것이 아니라, 항공사 전체의 이미지로 연결되는 중요한 요소다.

승객이 항공기에 발을 들여놓는 순간부터 퇴장할 때까지, 승무원은 일관되게 밝고 여유 있는 표정을 유지하며, 상황에 맞는 감정 표현을 자연스럽게 드러내야 한다.

눈맞춤은 신뢰감을 형성하는 기본 수단이다. 상대의 눈을 바라보며 시선을 맞추는 것은 단순한 예의가 아니라, 승객에 대한 관심과 존중을 보여 주는 신호이다.

정면에서 시선을 맞추되, 너무 과하거나 응시하지 않도록 주의한다.

어린이, 노약자 등에는 눈높이를 맞춰 앉은 자세에서 자연스럽게 응대한다.

말을 하거나 들을 때는 시선이 다른 곳으로 향하지 않도록 한다.

시선을 피하거나 고개를 숙인 채 대화하면 불안감이나 거리감을 줄 수 있으므로 지양해야 한다.

■ **대화법**

승무원의 언어 사용은 단정하고 공손해야 하며, 상대가 이해하기 쉬운 표현과 어조를 사용하는 것이 원칙이다.

정확한 발음과 적당한 속도로 말하며, 밝고 긍정적인 어조를 유지한다.

'죄송합니다', '감사합니다', '잠시만 기다려 주시겠어요?' 등 정중한 표현을 활용한다.

부정형이나 단호한 말보다는 완곡한 표현을 선택한다.

예) "안 됩니다"보다는 → "그 부분은 어렵지만 다른 방법으로 도와드리겠습니다"

승객이 말할 때는 절대 말을 자르지 않고 끝까지 경청한다.

■ **실무 팁**

불편 상황에서는 "~해 주시겠습니까?", "~해 드리겠습니다"처럼 의뢰형 · 제안형 표현이 자연스럽고 거부감이 적다.

■ **마음가짐**

좋은 서비스를 위한 기본은 태도이다. 객실승무원은 단순히 응대하는 역할을 넘어서, 승객의 요구를 민감하게 파악하고 진심으로 반응하는 자세가 필요하다.

승객의 요청에는 성의 있고 신속한 대응이 중요하다.

작은 부탁도 정중하게 받아들이며, 공감과 배려의 태도를 갖추어야 한다.

언제나 긍정적인 사고방식과 따뜻한 말투로 대화하고,

실수가 있더라도 변명보다 사과와 해결 방안 제시가 우선되어야 한다.

단순한 고객 만족이 아닌, 고객 감동을 목표로 한다는 생각으로 응대할 때 서비스 질이 달라진다.

2) 좌석 안내

(1) 탑승권 알아보기

탑승권(Boarding Pass)은 승객이 항공기에 탑승할 수 있도록 허용된 공식적인 문서이며, 최근에는 종이 형태 외에도 전자 탑승권, 모바일 탑승권 등이 널리 사용되고 있다. 탑승권에는 다음과 같은 필수 정보가 기재된다.

- 승객 성명(Name)
- 항공편명(Flight Number)
- 출발지와 도착지(From/To)
- 출발 시각(Departure Time)
- 좌석 번호(Seat Number)
- 항공사 로고, 편명, 게이트 정보, 바코드 또는 QR코드
- 마일리지, 회원 등급, 체크인 정보 등 추가 정보

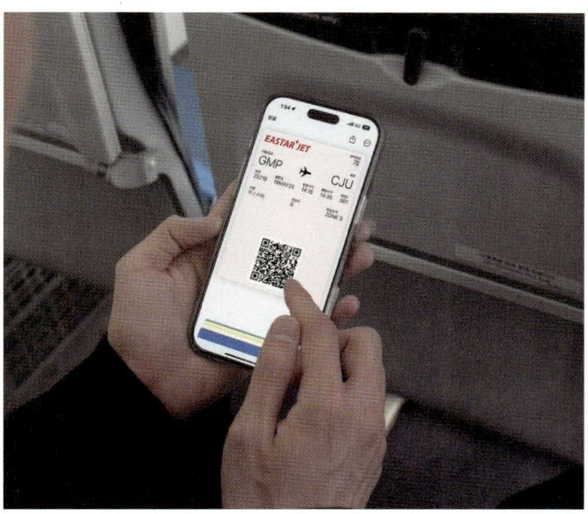

탑승권은 객실승무원이 좌석을 안내할 때 정확한 정보 파악을 위한 핵심 자료이므로, 빠르게 읽어 내고 필요한 정보를 분별할 수 있는 능력이 요구된다.

(2) 탑승권 확인 방법 및 자세

객실승무원은 승객이 항공기에 입장할 때 탑승권을 반드시 재확인해야 한다. 이는 좌석 중복 문제(Dupe Seat) 방지, 승객의 착석 적정성 상태 확인 및 보안 강화 차원에서 매우 중요하다.

탑승권을 받을 때는 양손을 사용하여 정중히 받는다.

좌석 번호, 탑승 날짜, 편명을 먼저 정확하게 확인한 뒤, 착석 방향을 파악한다.

승객의 시야를 고려하여, 탑승권을 승객 측 방향으로 되돌려 드리는 방식으로 안내한다.

※ 실제 현장에서는 탑승 게이트에서 이미 1차 확인을 했더라도, 기내 보안 절차상 객실승무원이 2차 재확인해야 한다.

■ 탑승권 확인 요령

좌석 방향을 안내할 때는 손가락을 모은 손 전체로 가리킨다.

가까운 좌석은 팔을 조금만 펴서, 먼 좌석은 팔을 멀리 뻗어 거리감을 표현한다.

좌석 방향은 '왼쪽(Left)' 또는 '오른쪽(Right)' 구역으로 나누어 설명한다.

다음의 사항을 적절하게 인식하고 승객에게 안내한다.

좌석 번호의 숫자와 알파벳을 정확히 인식
좌석이 위치한 구역(전방/중간/후방)
좌석의 측면(L-side or R-side)
통로측(Aisle), 창측(Window), 가운데(Middle) 좌석 여부

ASIANA AIRLINES ECONOMY

NAME
HONG/GILDONG MR
FLIGHT NO.
OZ178 /07MAY25
FROM ICN → TO HND

BOARDING TIME
20:45

GATE

ZONE 3

Boarding gate closes 10minutes prior to departure time.
(항공기 출발 10분 전에 탑승이 마감됩니다.)

ETKT 988248733372004
002 / LJY / 025A / J

Boarding Pass
탑승권
ASIANA AIRLINES

FLIGHT OZ178 /07MAY25
FROM SEOUL /ICN
TO TOKYO/HND
NAME HONG/GILDONG MR
DEP.TIME 21:10

SEAT NO.
WINDOW 25A Y

ETKT 988248733372004 K
MEMBERSHIP CARD NO.
OZ/11112222
Silver
TIMES MILES

※ 예시 대화문

"탑승권을 보여주시겠습니까?"

"안전상 확인 절차로 탑승권을 다시 확인하고 있습니다. 감사합니다."

"손님, 35A는 왼쪽으로 들어가시면 됩니다." or "35A 좌석은 왼쪽 통로로 직진하시면 됩니다."

■ 상황에 따른 응대법

- 비상구 좌석 안내

비상 상황 발생 시 도움을 줄 수 있는 승객에게만 배정된다. 탑승 시 해당 승객의 연령, 언어 이해도, 건강 상태 등을 간단히 확인하고, 탈출 협조 동의를 받은 후 탑승을 완료한다.

- 좌석 중복 시(Dupe Seat)

먼저 앉아 있는 승객에게는 정중히 사과하고, 후속 승객에게는 근처 좌석에서 대기하도록 안내 후, 재배정 결과에 따라 좌석 안내를 재조정한다.

- 기내 좌석 변경 요청

가능 여부를 확인 후, 타 승객 불편을 최소화하는 방향으로 배려하며 조율한다.

3) 환영 인사

승객이 기내에 들어서기 전, 환영 인사는 항공사의 이미지와 첫인상을 결정짓는 중요한 순간이다. 인사는 말뿐 아니라 태도, 표정, 시선, 자세 등 비언어적 요소까지 포함된다.

한국어, 영어 등 복수 언어로 인사 가능하도록 준비되어 있어야 하며, 외국인 승객이 있을 경우 문화적 예의도 반영한다.

인사는 목소리 톤, 표정, 시선, 몸의 방향까지 포함되어야 하며, 기계적인 "어서 오세요"가 아닌 진정성 있는 표현을 사용한다.

"Welcome aboard", "안녕하세요, 탑승을 환영합니다.",
"어서 오십시오.", "좋은 아침입니다.", "탑승을 환영합니다."

인사는 짧고 간결하되, 밝은 표정과 정중한 태도로 진심이 전해지도록 해야 한다.

(1) 승객 탑승 순서

탑승 절차는 승객의 필요와 좌석 등급에 따라 순차적으로 이루어진다. 먼저, 항공사 직원의 지원이 필요한 승객들이 가장 먼저 탑승하게 된다. 여기에는 strecher 환자 승객, 휠체어 서비스를 요청한 승객, 혼자 여행하는 어린이(UM), 한 가족이 함께 탑승하는 경우, 유아를 동반한 보호자, 노약자 등이 포함된다.

이후에는 VIP 또는 특별 서비스를 받는 CIP 고객이 탑승한다. 이들은 항공사의 주요 고객으로, 편의를 위해 일반 승객보다 먼저 안내된다.

다음으로는 일반석 중에서도 비상구 좌석이나 뒷좌석에 위치한 승객이 탑승하며, 그 뒤를 이어 비즈니스석 승객이 입장한다. 마지막으로는 일반석 승객 중 앞 좌석에 앉는 승객들이 차례로 탑승하게 된다. 이 같은 순차적인 탑승 방식은 효율적인 기내 정리를 도와 혼선을 줄이는 데 목적이 있다.

순서	승객 유형	세부 내용
1	직원의 도움이 필요한 승객 (특수고객)	- 들 것 이용하는 환자승객(Stretcher) - 휠체어 신청 승객(Wheelchair) - 혼자 여행하는 어린이(UM) - 한가족 서비스 신청 승객 - 임산부 및 유소아 동반 승객 - 노약자 등
2	VIP, CIP 승객	항공사 특별고객 및 우선 서비스 대상자
3	비즈니스석 승객	비즈니스 클래스 승객
4	일반석 승객	주로 후방 좌석 승객
5	일반석 승객	주로 전방 좌석 승객

(2) 특수 고객(Special Passenger)

항공사에서는 일반 승객 외에도 특별한 도움이 필요한 승객들을 위해 별도의 서비스를 제공한다. 이러한 승객들을 '특수 고객'이라 부르며, 객실승무원은 이들이 보다 편안하고 안전한 비행을 할 수 있도록 탑승 전부터 비행 중, 착륙 후까지 세심하게 배려해야 한다. 각 특수 고객 유형별로 다음과 같은 응대 절차를 따른다.

① 비동반 소아(UM, Unaccompanied Minor)

비동반 소아란, 보호자 없이 홀로 항공편을 이용하는 만 5세 이상 만 12세 미만의 어린이를 의미한다. UM은 항공사에서 특별 관리 대상자로 지정되며, 공항 출발지에서 '비동반 소아 신청서'를 보호자가 작성한 후, 탑승 수속 시 해당 서류와 소지품을 객실승무원에게 전달하고 인계 절차를 거친다.

객실승무원은 UM을 비행기 입구에서 맞이하여 좌석까지 동행하며, 안전벨트 착용을 돕고 기내 시설(화장실, 좌석 테이블 등) 이용 방법을 안내한다. 대부분의 항공사에서는 UM에게 어린이용 기념품(Give-away)을 제공하여 비행 경험을 긍정적으로 만들고자 한다.

비행 중에는 아이가 불안해하지 않도록 지속적인 관심을 기울이며, 식사 제공 시 알레르기 유무를 확인하고, 필요시 주변 승객의 협조를 유도한다. 착륙 후에는 지상직 직원에게 안전하게 인계될 때까지 자리를 지키게 하고, 보호자에게 정상적으로 인계되었는지 확인하는 것이 중요하다.

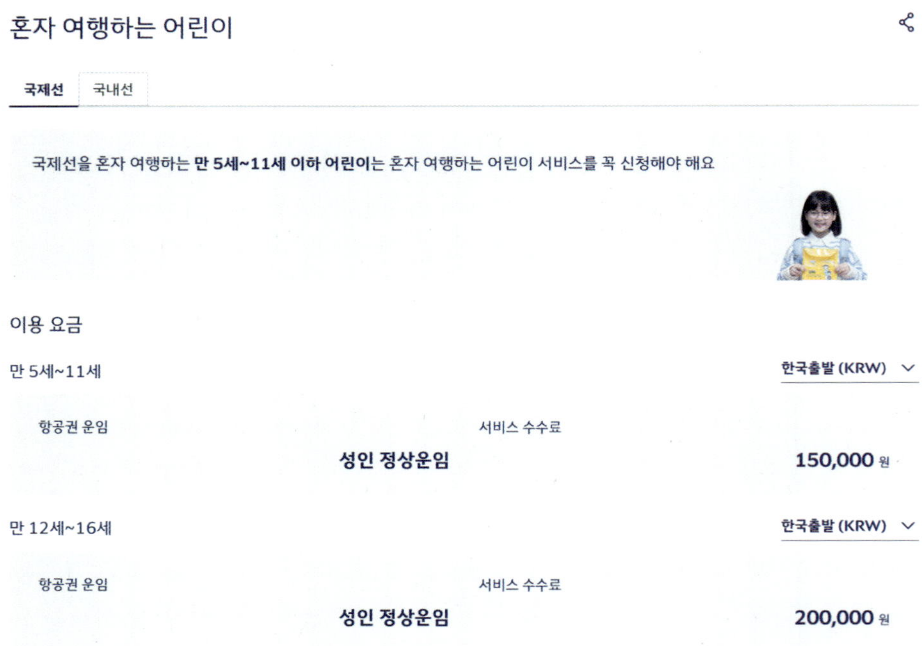

출발부터 도착까지 제공 서비스

STEP 1
예약
- 좌석 배정은 기내에서 승무원이 어린이를 세심하게 보살펴 드릴 수 있도록 통로좌석으로 배정해 드립니다.

STEP 2
항공기 탑승
- 카운터에서 서류 확인 후 전담직원의 안내가 시작됩니다.
- 전담 직원과 함께 보안 검색을 마친 후 탑승구 앞에서 객실 승무원에게 인계해 드립니다.

STEP 3
기내에서
- 기내 담당 승무원이 세심하게 보살펴 드립니다.

STEP 4
도착
- 담당 직원이 탑승구 앞에서 도착지에 나온 보호자를 만날 때까지 안내합니다.

출처: 대한항공 홈페이지 – UM 제공 서비스.

대한항공 어린이 선물

② 유아 동반 승객(Infant Accompanied Passenger)

24개월 미만의 유아를 동반한 보호자는 탑승, 착석, 수하물 정리 등에서 손이 많이 가는 승객이므로, 승무원의 능동적인 지원이 필요하다. 먼저 유아를 위한 아기 바구니(Baby Bassinet)를 요청했는지 확인한 후, 설치가 가능한 좌석에 배정되었는지 안내한다.

또한 유아용 기저귀 교환대가 설치된 화장실 위치를 설명하고, 기내에서 사용 가능한 플라스틱 백이나 기저귀 교체 키트를 제공한다. 비행 중에도 유아 울음이나 불편 상황에 대비해 지속적인 관심을 기울이며, 보호자가 필요할 경우 물이나 추가 담요 등을 제공한다.

화장실 내의 기저귀 교환대

유아용 요람

대상

- 노선: 국제선 일반석, 프레스티지석
- 기준: 키 75cm(2.46ft) 이하, 11kg(24.25lbs) 이하 유아

신청방법

- 출발 48시간 전까지 요람 장착 좌석을 포함한 일반석 사전 좌석 배정 시 신청
- 프레스티지석은 예약 확약 시점부터 출발 24시간 전까지 가능
- 요람이 필요한 경우 항공권 구매 후 좌석배정 가능 여부 확인 가능

출처: 대한항공 홈페이지(www.koreanair.com).

③ 휠체어 이용 승객(Wheelchair Passenger)

거동이 불편한 휠체어 승객은 일반 승객보다 먼저 탑승하고, 도착 후에는 마지막에 하차하는 것이 일반적이다. 통로 좌석을 우선 배정하여 이동 편의를 고려하며, 항공사에서 제공하는 기내용 휠체어의 존재 여부와 사용 방법도 설명해 주어야 한다.

승객이 화장실 이용 시 어려움이 예상될 경우, 문 앞까지 동행하거나 상황에 따라 도움을 요청할 수 있는 방법을 안내해야 한다. 도착 후에는 지상직 직원에게 안전하게 인계될 수 있도록 끝까지 안내하며, 해당 승객의 상태를 세심히 관찰하고 배려해야 한다.

④ 시각장애 승객(Blind Passenger)

시각장애 승객이 단독으로 탑승하거나, 성인 보호자와 동반하는 경우에는 일반적인 안내 외에도 추가적인 설명이 요구된다. 기내의 화장실 위치, 좌석 구조, 비상구 방향, 좌석벨트 사용법 등은 구체적으로 구두로 설명하며, 요청 시 승무원의 팔을 잡고 안내를 도와준다.

브리핑 시에는 명확한 발음과 입 모양으로 천천히 말하며, 필요시 점자 자료나 그림 등을 통해 안전 수칙을 안내하기도 한다. 또한, 식사 안내나 서비스 제공 시 불편을 최소화할 수 있도록 사전에 설명해 주는 것이 좋다.

⑤ 청각장애 승객(Deaf Passenger)

청각장애 승객의 경우 시각적인 정보 제공이 핵심이다. 해당 승객에게 말을 걸 때는 반드시 시선을 맞추고 눈맞춤(Eye Contact)을 유지한 채, 과장되지 않은 손짓이나 입 모양으로 설명을 덧붙인다.

항공 안전 브리핑 시에는 승무원이 시범을 직접 보여 주거나, 필요한 경우 그림 자료 또는 보드 등을 이용해 내용을 전달한다. 말을 하지 않는 대신 표정과 손짓, 시각적 자료로 의사소통을 이어 가는 것이 중요하다.

⑥ 반려동물 동반 승객(Pet Accompanied Passenger)

국내 항공사의 경우 생후 8주 이상 된 개, 고양이, 애완용 새에 한해 기내 반입이 가능하며, 1인당 1마리까지만 허용된다. 이때 동물은 반드시 운송 용기(Cage) 안에 있어야 하며, 해당 용기는 승객의 앞좌석 하단에 보관하도록 한다.

기내에서는 반려동물을 꺼내어 안거나 무릎에 둘 수 없고, 물 외의 음식물은 제공하지 않는다. 객실승무원은 정기적으로 기내를 순회하며, 반려동물 근처 승객의 불편 여부를 체크하고, 필요시 배려 요청을 한다. 이처럼 반려동물 승객과 주변 승객 모두가 편안한 비행을 할 수 있도록 주의를 기울인다.

4) 기내 반입 수하물 보관 안내

승객 탑승 시 환영인사와 더불어 승객들의 짐을 신속하게 정리하는 업무가 중요하다. 이는 탑승을 원활하게 도와주고, 승객들에게 즐거운 비행을 선사할 수 있는 첫걸음이다.

(1) 휴대 수하물 보관 및 안내

객실승무원은 승객의 휴대 수하물이 기내에서 안전하게 보관될 수 있도록 정확하게 안내하고, 필요한 경우 직접 보관을 도와야 한다. 특히 노약자, 장애인, 임산부, 유소아를 동반한 승객은 보관 지원의 우선 대상자로 분류되며, 보다 세심한 배려가 요구된다.

■ 대표적인 보관 장소

① Overhead Bin(객실 상부 수납함)

Overhead Bin은 휴대 수하물 보관 장소 중 가장 일반적으로 활용되는 공간으로, 좌석 머리 위쪽에 위치해 있다. 이곳에는 소형 캐리어나 백팩, 외투 등 가벼운 물품을 눕혀서 보관한다.

짐은 앞뒤로 안정적으로 눕혀 넣는 것이 원칙이며, 뚜껑을 닫기 전에는 짐이 삐져나오지 않았는지 반드시 육안으로 확인해야 한다. 항공기 기종에 따라 오버헤드 빈의 개폐 방식은 상이하다.

B737, A300 기종은 덮개를 위로 들어 올리는 형태이다.

B777, A380 기종은 덮개가 아래로 내려오는 방식이다.

Overhead Bin을 여닫을 때에는 반드시 주변 승객에게 양해를 구하고, 짐이 떨어질 위험이 없도록 천천히 조심스럽게 조작해야 한다. 특히 기내 부상 사고의 절반 이상이 이 공간에서 발생하는 만큼, 선반을 닫은 후에는 완전히 잠겼는지 다시 한번 확인하는 것이 중요하다.

수하물 선반 사용시 주의사항

Overhead Bin 열기 전	승객에게 사전 양해 요청	– "실례합니다, 머리 위 선반 열어도 괜찮을까요?" – 양 손으로 조심스럽게 열기
Overhead Bin 열 때	낙하물 위험 대비	– 짐이 앞으로 밀려 있는지 확인 – 쇼핑백, 전자기기, 압축된 큰 가방 주의
Overhead Bin 닫기 전	수납물 안정 확인	– 짐이 잘 눕혀졌는지 확인 후 닫기 – 손잡이 · 뚜껑이 완전히 닫혔는지 재확인

② Enclosed Coatroom(문이 있는 수납장)

일부 항공기에는 도어 근처에 설치된 전용 수납장(코트룸)이 마련되어 있어 외투나 부피가 큰 개인 물품을 보관할 수 있다. 이 공간은 주로 옷걸이에 걸어 보관하는 방식이며, 항공사에서 제공하는 수하물 태그(Tag)를 부착한 후 사용해야 한다.

코트룸의 내부는 항상 정돈된 상태를 유지해야 하며, 사용하지 않을 경우 문을 닫고 Lock 장치를 반드시 걸어 두어야 한다. 코트룸에 물품을 보관할 때에는 의류가 다른 짐에 눌리거나 구겨지지 않도록 주의가 필요하며, 착륙 전에는 승객에게 직접 수하물을 인계하는 것이 원칙이다.

문이 달린 코트룸 예시

③ 좌석 하단(Restraint Bar 설치 구역)

일부 항공기 좌석 하단에는 소형 수하물을 고정할 수 있도록 Restraint Bar(고정장치)가 설치되어 있다. 이 공간은 병이나 전자기기처럼 깨지기 쉬운 물품이나 무거운 수하물을 제외한, 작은 가방이나 쇼핑백 등을 보관하기에 적합하다.

Restraint Bar는 짐이 기내에서 흔들리거나 이동하지 않도록 고정하는 역할을 하며, 사용 시 수하물의 크기와 형태에 따라 적절히 배치해야 한다.

좌석 하단(Restrain bar 설치된 모습)

④ 객실 통로 및 비상구 주변

객실 통로나 비상구 근처에는 어떠한 경우에도 수하물을 임시로 보관해서는 안 된다. 이러한 구역은 비상시 승객 대피 통로가 되는 공간이므로, 수하물이 놓이면 큰 위험이 발생할 수 있다.

따라서 객실승무원은 이러한 구역에 짐이 놓여 있는지를 순회 점검하고, 발견 즉시 이동 조치를 해야 한다.

승객 탑승 후 업무

1) 비상구 열 브리핑 실시

승객 탑승 후, 객실승무원은 비상구 좌석에 앉은 승객을 확인해야 한다. 해당 승객은 비상 상황이 발생 시 승무원을 도와 승객 탈출을 도와야 하는 책임 있는 위치이므로, 해당 좌석에 착석한 승객에게 이에 대한 내용을 안내해야 한다.

착석 불가한 승객이 착석한 경우 사무장에게 보고하고, 지상 직원에게 알려 좌석을 옮기도록 한다. 아래 승객은 비상구 좌석 착석이 불가하며 확인 즉시 좌석 변경 조치해야 한다.

비상구 좌석 착석 불가 승객 유형

신체적인 장애로 비상 탈출의 임무를 수행할 수 없는 경우
15세 미만의 승객으로 기내에서 성인의 도움이 필요한 경우
승무원의 구두 지시를 이해하지 못하는 경우
시각, 청각, 언어 구사에 지장이 있는 경우
임산부, 유아 또는 응급상황 시 도움이 필요한 사람과 함께 여행하는 경우

■ 비상구 열 좌석 브리핑 예시

밝은 표정으로 비상구 좌석에 착석한 승객에게 눈을 마주치고 정중히 말한다.

“안녕하십니까? 지금 앉아 계신 좌석은 비상구 좌석으로, 만약 비상상황 발생 시 객실승무원을 도와 비상탈출을 도와주셔야 합니다. 괜찮으시겠습니까?”

승객이 고개를 끄덕이거나 “네”라고 대답하면, 승무원은 다음과 같이 안내한다.

“비상구는 외부 상황에 문제가 없고, 승무원의 지시가 있을 경우에만 개방해 주셔야 합니다. 자세한 내용은 앞 좌석 주머니에 있는 브리핑 카드를 참고 부탁드립니다.”

이후 브리핑 카드를 직접 꺼내 승객에게 보여 주며,

“이 카드에 내용을 꼭 읽어 주시기 바랍니다. 감사합니다.”

라고 마무리하고 밝은 미소로 자리에서 물러난다.

■ Safety information card 예시

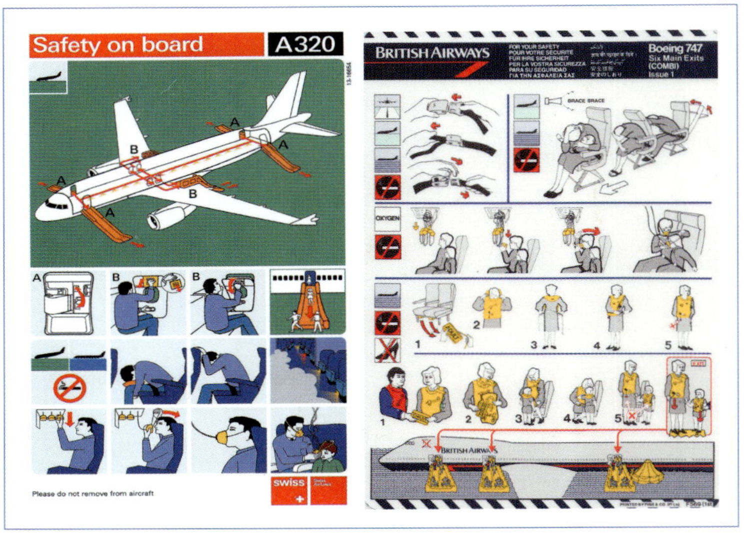

2) Ship pouch 출항 서류 인수

승객 탑승이 완료되면, 객실사무장은 지상 직원으로부터 출항에 필요한 서류(Ship Pouch)를 인수한다. 이 서류는 승객 및 화물의 운송과 관련된 문서로 구성되어 있으며, 인수 시 그 내용의 이상 유무를 반드시 확인해야 한다.

■ 출항 서류의 주요 구성

- 항공기 서류

  G/D: General Declaration(항공기 일반 신고서)

  P/M: Passenger Manifest(탑승객 명단)

  C/M: Cargo Manifest(화물 명세서)

- 출입국 서류(출입국 카드, 세관신고서, 검역 관련 서류)

- SHR(Special Handling Request)
- TWOV(Transit Without Visa), UM(Unaccompanied Minor), Deportee 승객관련문서
- Flight Coupon
- 목적지 공항에 전달할 기타 서류

이러한 서류는 항공 운항의 안전성과 승객 응대의 적정성을 확보하는 데 매우 중요하므로, 객실 사무장은 인수 후 세부 내용을 꼼꼼히 확인해야 한다.

3) Door close

출항 서류 인수와 기내 준비가 모두 완료되면, 객실 사무장은 지상직원으로부터 승객 탑승완료를 통보받은 후 기장의 허가를 받아 항공기의 문(Door)을 닫는 절차를 진행한다.

이를 Door Close라고 하며, 항공기 출발 직전의 최종 준비 과정에 해당한다.

(1) 승객 탑승 완료

객실 사무장은 승객 탑승이 완료되면 입항에 필요한 서류를 지상직원에게 인계받은 후 기장에게 보고 후 동의하에 Door close를 실시한다.

*기장님, 000명 탑승 완료되었습니다. Door close 해도 되겠습니까?

(2) Door Close 전 확인 사항

- 승무원 및 승객의 탑승 수 확인
- 출항 서류 확인

  : 인수한 서류들이 정확히 전달되고 이상이 없는지 재확인한다.
- 추가로 주문한 서비스 용품 탑재 여부

  : VIP, UM, 특수식 등 특이사항 관련 서비스 물품이 정상적으로 적재되었는지 확인한다.
- 지상 직원 전원 하차 여부 확인

  : 지상 직원이 모두 기내에서 하차하였는지 확인 후 객실 내 방송을 통해 알린다.

승객 탑승 완료 후 객실 사무장은 다음 사항이 완료되었는지 확인한 후, 지상 직원에게 '객실준비완료'를 통보하고, 기장에게 보고 후 허가를 득한 후 Door close 한다.

■ 객실 준비완료 사항

승객탑승완료 확인 Overhead bin 닫힘상태 확인 휴대 수하물 점검 및 보관 상태 확인

이후 안전비행을 위한 기내방송 및 최종 점검 절차로 넘어간다.

(3) 안전점검(Safety check)

Door close 후, 객실 사무장은 전 승무원에게 Safety Check를 지시한다.

Safety Check란 항공기 비상 상황에 대비하여 슬라이드를 사용할 수 있도록 도어의 모드를 정상 위치(disarmed) 에서 팽창 위치(armed) 로 변경하는 절차를 말한다.

Door mode 변경 절차는 다음과 같다.

1. 사무장 지시
2. Door mode 변경 및 승무원 상호 확인
3. all attendant call 응답

객실 사무장은 인터폰 또는 PA 시스템을 통해 Safety Check를 지시한다.

예시1) "Cabin Crew, Safety Check & Cross Check."
예시2) "Cabin Crew, Door side stand by. Change slide mode armed."

각 승무원은 본인의 담당 도어의 모드를 'Armed'로 변경한다.

건너편 승무원과 서로 상태를 상호 확인한 후, 인터폰이나 PA로 객실 사무장에게 보고한다.

예시1) "L3 Safety Check."
예시2) "No. 3 door clear."

모든 승무원이 확인을 마친 후, 객실 사무장은 기장에게 객실 준비완료를 보고한다.
"기장님 Push back 준비되었습니다."

도어모드 팽창 시에 펼쳐지는 슬라이드는 비상시 항공기 밖으로 안전하게 탈출할 수 있도록 돕는 장비로, 항공기 기종에 따라 작동 방식이나 위치가 다르므로, 각 승무원은 자신이 탑승한 기종의 슬라이드 모드 변경법을 정확히 숙지해야 한다.

(4) Push Back 준비

Safety Check가 완료되면 객실 사무장은 기장에게 "Cabin ready" 또는 "객실 준비 완료"라고 보고한다. 기장은 이 보고를 기반으로 항공기의 Push Back(견인 후진) 절차를 진행하며, 본격적인 항공기 운항 준비에 들어간다.

이 시점부터 운항 승무원은 항공기 이륙을 위한 각종 시스템 설정 및 지상 관제와의 교신을 통해 출발을 준비한다.

4) 환영 인사(Welcome Greeting)

Safety Check 완료 보고가 끝나면, 각 객실승무원은 지정된 위치로 이동하여 승객을 향해 환영 인사를 실시한다. 이때 밝은 표정과 안정된 자세로 전 승무원이 동시에 인사를 실시한다.

환영 인사는 보통 방송 담당 승무원의 웰컴 방송과 함께 진행되며, 모든 승객이 편안한 분위기 속에서 비행을 시작할 수 있도록 도와준다.

5) 승객 브리핑(Passenger Briefing)

승객 브리핑은 항공기 탑승 후 가장 중요한 안전 안내 절차 중 하나이다. 객실승무원은 비행 전 반드시 승객들에게 비상 장비의 위치 및 사용법, 비상 탈출 절차를 안내해야 한다.

산소 마스크, 구명복 등 비상 장비 사용법을 안내하며, 필요시 직접 시범을 보인다.

일부 항공기는 비디오 영상으로 대체할 수 있으나, 장비 미설치 기종에서는 승무원이 직접 실시한다.

비상구 주변 등 지정된 위치에서 명확하고 절도 있게 시연하며, 이후 구역별로 aisle을 이동하며 안전벨트 착용, 수하물 정리 등 안전사항을 추가로 안내한다.

브리핑이 끝나면 Life vest를 착용한 채로 담당구역별로 aisle을 통과하며, 승객의 벨트 착용을 확인한다.

사용한 장비를 갤리로 회수하여 정리하고, 다음 단계의 이륙 준비에 들어간다.

승객 브리핑 방송문

손님 여러분,
지금부터 비상 장비와 비상구 이용 방법에 대해 안내해 드리겠습니다.
(시연 승무원: 밝은 표정으로 정면 응시)
이 비행기의 비상구는 모두 앞과 뒤, 좌우에 있습니다.
(양팔을 벌려 앞, 뒤, 좌, 우 비상구를 차례로 가리킨다)
비상시 전원이 꺼질 경우, 바닥의 유도등을 따라 가장 가까운 비상구로 이동해 주시기 바랍니다.
(정면 보고 오른손을 뒤로 45도 정도 들어 유도등을 가리킨 후 다시 원위치)
가장 가까운 비상구 위치를 미리 확인해 주시기 바랍니다.
좌석 벨트 사인이 켜지면 좌석 벨트를 매 주시고,
벨트는 버클에 끼워 몸에 맞게 조이고,
풀 때는 덮개를 들어 올리면 됩니다.
(좌석 벨트를 양손에 쥐고 승객 쪽으로 보여 준 뒤, 연결하고 조이는 시범을 하고 덮개를 들어 해제하는 동작까지 수행)
산소 공급이 필요할 경우, 산소 마스크는 머리 위 선반에서 자동으로 내려옵니다.
마스크를 얼굴에 대고, 고무 끈을 머리 뒤로 걸어 착용해 주세요.
(산소 마스크를 머리 위에서 내린 뒤 착용하고 끈을 조이는 동작 수행)
먼저 본인이 착용하신 후, 어린이의 마스크 착용을 도와주시기 바랍니다.
(착용한 상태에서 왼쪽 또는 오른쪽 좌석을 향해 어린이 마스크를 도와주는 동작 시연)
비행기가 바다에 착수할 경우를 대비한 구명복은 좌석 또는 팔걸이 아래에 있습니다.
(좌석 아래에서 구명복을 꺼내 들어올리고 승객에게 보여 줌)
머리부터 착용한 뒤, 끈을 허리에 감아 조여 주세요.
(구명복을 머리에 쓰고 허리에 감아 조이는 동작 시연)
구명복은 탈출 직전에 빨간 손잡이를 당겨 부풀립니다.
(양손으로 고리를 잡고 당기는 동작 시연)
공기가 충분하지 않을 경우, 양쪽의 고무관을 입에 물고 불어넣어 주세요.
(고무관을 잡고 입에 무는 시늉, 양쪽 고무관 부는 동작 시연)
자세한 내용은 좌석 앞 주머니 속 안전 안내문을 참고해 주세요.
(안전 안내 카드를 양손으로 들어 정면에 보여 줌)
이 비행기는 전 좌석 금연이며, 전자담배 사용도 금지되어 있습니다.
(바닥에 장비를 정리하고 자세를 바로잡음)
감사합니다.
(승객을 향해 고개 숙여 인사)

6) 이륙 전 준비(Preparation for take off)

이륙에 앞서 객실승무원은 기내 안전을 위해 아래 사항들을 항목별로 점검하고, 점검이 완료되면 지정된 Jump Seat에 착석하여 대기한다.

이 과정은 Cabin, Lavatory, Galley 순으로 이루어지며, 각 영역에서 정해진 체크리스트에 따라 확인한다.

(1) 객실(Cabin) 점검 사항

좌석 벨트가 승객 전원에게 착용되어 있는지 확인한다.

좌석 등받이, 발받침, 좌석 팔걸이, 테이블이 모두 원위치에 놓여 있는지 확인한다.

창문 커튼(Window Shade)이 열린 상태인지 확인한다.

객실 내 모든 짐이 안전하게 보관되어 있는지 확인한다.

오버헤드 빈(Overhead bin)이 닫혀 있고, 잠금이 제대로 되었는지 점검한다.

비상구 주변과 복도(aisle)에 장애물이 없도록 정리되어 있는지 확인한다.

객실 조명은 이륙에 적절하게 조도(DIM)로 조절한다.

(2) 화장실(Lavatory) 점검 사항

승객 유무를 확인하여 비어 있는지 확인한다.

변기 뚜껑이 닫혀 있는지, 내부가 정리되어 있는지 확인한다.

화재 위험 물질이나 상황이 없는지 확인한다.

(3) 갤리(Galley) 점검 사항

갤리 내 모든 카트와 컴파트먼트(Compartment/carry-on box)가 잠금 상태로 고정되어 있는지 확인한다.

갤리 내부에 고정되지 않은 물건이 없는지 점검한다.

갤리 커튼이 열려 있는 상태로 고정되어 있는지 확인한다.

갤리 내 조명도 객실과 동일하게 DIM으로 조절한다.

■ 이착륙 시 조명

이착륙은 항공기 사고가 가장 빈번하게 발생하는 구간으로, 이 시기의 조명 상태는 승객의 안전 탈출에 큰 영향을 미친다.

만일 이착륙 중에 비상사태가 발생할 경우, 실내 조명이 지나치게 밝거나 어두우면 승객의 시야 확보가 어려워져 탈출에 장애가 될 수 있다. 특히 야간 비행 시 객실 내 조명이 갑자기 꺼지면 눈이 어두움에 적응하지 못해 외부 상황을 인지하는 데 어려움이 따른다.

따라서 이착륙 시에는 조도를 조절하여 외부 밝기와 객실 내 조도를 일치시키고, 비상구 표식등이 더욱 돋보이도록 하는 것이 원칙이다. 이를 통해 승객과 승무원이 신속하고 안전하게 탈출할 수 있도록 돕는 것이 목적이다.

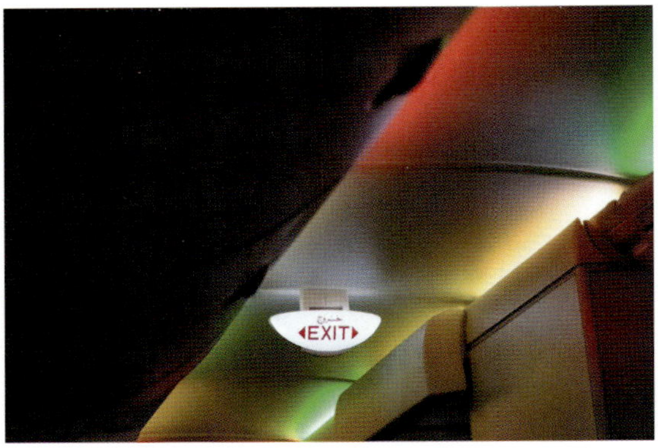

■ **기내표준신호**

기내에서는 승객 및 승무원 간의 원활한 커뮤니케이션과 비상 상황에 대한 공지를 위해 표준 차임벨(Chime) 및 표지판 점등을 사용한다. 이는 항공사 및 기종에 따라 다소 차이가 있으나, 일반적으로 다음과 같이 표준화되어 있다.

구분	표준신호	대응
Interphone Communication	Chime 1회	가까운 Handset을 받는다.
Take-off(이륙)	Fasten Seat Belt Sign 3회 점멸 후 On	승객 및 승무원 착석, 객실 내 이륙 준비
Turbulence (난기류)	Fasten Seat Belt Sign 1회 점멸	난기류 강도에 따라 착석 유도 (Severe한 경우 2회)
Approaching (접근)	Fasten Seat Belt Sign 3회 점멸 후 Off	객실 내 착륙 준비
Landing(착륙)	Fasten Seat Belt Sign 3회 점멸 후 On	객실 내 착륙 준비, 승객 및 승무원 착석

(4) Jump Seat 착석

점검을 마친 객실승무원은 본인의 지정된 Jump Seat에 착석한다.

좌석 벨트와 어깨끈(Shoulder Harness)을 반드시 착용한다.

착석 후에는 이륙에 대비한 '30 Seconds Review'를 실시하며, 비상 상황 발생 시 대처 방안을 스스로 점검한다.

■ 30 Seconds Review

: 승무원이 이륙 전 Jump Seat에 착석한 상태에서 30초간 머릿속으로 수행하는 비상 상황 대비 점검 절차

: 비상 상황이 갑작스럽게 발생할 경우를 대비해, 자신이 맡은 비상구와 역할, 비상 장비의 위치 및 사용법 등을 빠르게 복기하는 것이 목적

- 비상 장비 위치 및 작동법
- 비상구 위치 및 작동법
- 비상 탈출 순서
- 비상 탈출 시 객실승무원을 도와줄 수 있는 승객
- 비상 탈출 시 도움이 필요한 승객
- 충격방지자세 샤우팅

예시 문구

"내 비상구는 좌측 중간 도어, 슬라이드 장착 완료. 비상시 뒤로 당겨 개방. 산소통은 바로 뒤 갤리, 소화기는 위쪽 컴파트먼트. '비상입니다! 이쪽으로 나가세요!'를 크게 외치고 승객 유도."

3. 비행 중 업무

✈국제선 장거리 이륙 후 객실업무 절차(대한항공 일반석 기준)

- Seat Belt 착용 안내방송
  ㄴ 이륙 직후 안전벨트 유지 안내
- 갤리 브리핑
  ㄴ 서비스 전 업무 분담 및 준비 사항 확인

- 1차 기내식 서비스(Dinner/Supper 기준)

- 식전음료(Aperitif) with Meal Tray 제공
- 음료(Wine, Water, Coffee, Tea) 서비스
- Meal Tray 회수
- 객실 정리(Galley, 화장실, Aisle, Seat 주변)
  ㄴ 청소 및 장비 정리
- 입국서류 배포 및 작성 협조
  ㄴ 목적지 국가 입국 서류 제공
- 면세품 판매
  ㄴ Duty Free 물품 주문 및 결제
- 승객 휴식 유도
  ㄴ 객실 소등 및 휴식 유도
- Walk Around/In-between Snack
  ㄴ 승무원 순회 및 간단한 간식 제공

- 2차 기내식 서비스 준비 및 서비스

- 식전음료(Aperitif)
- Meal Tray(Breakfast 기준) & Water, Coffee, Tea
- Meal Tray 회수
- 정리(Galley, 화장실, Aisle, Seat 주변)
  ㄴ 착륙 전 마지막 객실 점검
- 착륙 준비
  ㄴ 좌석벨트 착용 유도 및 모든 장비 정돈

1) Galley Briefing 실시

■ 실시내용

- 승객탑승 시 불만표출 승객 정보 공유
- Zone 별 SPCL PAX 현황 및 정보 공유
- Service Item 위치 확인
- 구역별 승객 수, Meal Cart 수량/위치 확인
- Main Dish Choice 확인
- 서비스 스티커 활용 강조
- 기내식 제공절차 등 전체 Service Plan 리뷰
- SPML 주문내역 및 서비스방법 리뷰

2) 기내방송 모니터링

기내방송은 정확한 정보전달 및 적시에 실시하는 것이 중요함을 인식하여 천천히 또박또박 실시한다. 모니터링 담당승무원은 모니터링 실시결과를 즉각 전달하여 정확한 안내방송이 실시되도록 조치한다.

모니터링 시 Aisle에서 청취하여 이상여부를 확인하고, 방송 담당 승무원에게 수신호로 이상 여부를 알려 준다.

3) 기내음료 서비스

항공사에서 제공하는 기내식은 서양식을 기본으로 하므로 식사를 제공하기 전에 식전 음료서비스를 제공한다. 식전 음료는 칵테일, 와인, 샴페인, 주스 탄산음료 등과 같이 차갑고 새콤한 맛으로 식욕을 자극하는 음료가 대부분이다. 갤리 담당 승무원은 서비스 전 차게 제공되어야 할 음료의 Chilling 상태를 점검하고 서비스 담당 승무원은 음료에 관한 충분한 지식을 가지고 서비스에 임한다.

식사 이전에는 식전주(pre-meal drink) 및 간단한 스낵류(예: 견과류)를 제공하며, 식사 중에는 기내식의 종류와 어울리는 와인이나 맥주 등의 음료가 함께 제공된다. 식사 후에는 커피, 홍차, 녹차 등 따뜻한 음료가 주로 제공되며, 승객이 원할 경우 시원한 음료(cold beverage)도 추가로 제공할 수 있다.

식전 음료 서비스는 서비스 타임과 특징에 따라 트레이에 미리 세팅하여 서비스하거나, 카트 위에 종류별로 음료수를 세팅하여 고객의 주문을 받아 서비스 한다. 최근에는 대부분의 항공사가 식사 카트에 음료를 함께 올려서 동시에 주문을 받기도 한다. 음료를 서비스 하는 방법과 유의해야 할 사항은 다음과 같다.

1) 음료 제공 시에는 종이 냅킨(Paper Napkin)을 함께 제공하며, 세팅된 음료의 종류를 설명하고 고객의 주문을 받아 서빙한다.
2) 알코올 음료의 경우, 항공사에서는 만 18세 미만 미성년자에게 제공하지 않으며, 어린이나 청소년에게 견과류를 제공할 경우에는 알레르기 유무를 확인하고 보호자의 동의를 받는 절차를 거친다.
3) 승객이 주문한 음료가 즉시 준비되지 못할 경우, 반드시 대체 음료를 권유하거나 양해를 구한 후 별도로 제공하는 등 서비스 흐름을 유지하는 것이 중요하다.

특히 장거리 노선에서는 식사 외 시간대에도 수시 음료 서비스를 실시하며, 프리미엄 클래스에서는 와인 리스트나 칵테일 옵션 등 고객 맞춤형 음료 서비스가 강화되는 추세이다.

또한 환경을 고려하여 캔, 병의 직접 제공 대신 컵 서비스로 대체하거나, 종이 빨대와 재활용 가능한 컵 사용 등 지속 가능성을 고려한 운영이 확대되고 있다.

4) 기내식 서비스

기내식은 일반식과 특별식으로 구분되어 탑재 및 서비스하고 있다. 또한 비행시간과 서비스 제공시간대에 따라 종류를 구분하고 있으며, 좌석 등급별로도 차이를 두어 운영하고 있다.

- 비행시간 기준 제공 식사의 종류

  2시간 이내의 단거리 - Cold meal

  2시간 이상의 중장거리 - Hot meal

- 비행시간 기준 제공하는 식사의 횟수

  6시간 미만 - 1회

  6시간 이상 - 2회

  12시간 이상 - 3회

서비스 제공시간대에 따른 식사의 종류

Meal Type	Meal Code	Serving Time	비고
Breakfast	BRF	03:00 ~ 09:00	아침식
Brunch	BRNH	09:00 ~ 11:00	아침 겸 점심
Lunch	LCH	11:00 ~ 14:00	점심식
Snack	SNX	14:00 ~ 18:00	간식(오후)
Dinner	DNR	18:00 ~ 21:00	저녁식
Supper	SPR	21:00 ~ 24:00	야식
Snack	SNX	24:00 ~ 03:00	간식(심야)

(1) 일반식

일반식은 항공기 내 대부분의 승객에게 기본으로 제공되는 기내식이다. 서비스 시 승무원은 식사 트레이에 포함된 주요 메뉴의 구성과 재료, 소스 등을 간략히 설명하여 승객의 이해를 돕는다. 예를 들어, "볶음밥이 포함된 쇠고기 메뉴" 또는 "국수가 포함된 중국식 닭고기 소스 요리" 등의 설명을 덧붙인다.

식사를 제공할 때는 반드시 식사 트레이의 내용물 누락 여부를 확인하고, 메뉴에 대한 추가 요청이 있을 경우 즉시 응대한다. 식사 제공 후에는 승객에게 음료 선택 여부를 재차 확인하고, 후속 음료 서비스나 리필 요청에도 신속히 대응한다.

■ 주요 절차 요약

- 메뉴 구성 및 소스 설명
- 트레이 구성품 확인(밥/반찬/디저트/수저류 포함)
- 식사 후 음료 주문 재확인 및 제공

(2) 특별식

특별식은 사전에 요청한 승객에게 제공되는 맞춤형 식사로, 일반식보다 먼저 우선 제공된다. 대표적인 특별식 유형으로는 채식식(VGML), 힌두식(HNML), 무슬림식(MOML), 저염식(LSML), 유아식(BBML) 등이 있다.

서비스 시 승무원은 특별식 요청 내역과 실제 제공된 식사가 일치하는지 재차 확인하며, 승객의 이름이나 좌석번호를 통해 누락 및 착오가 없도록 한다. 만일 요청된 특별식이 준비되지 않은 경우에는 양해를 구하고 대체 식사를 제공하는 등 승객 불만이 최소화되도록 주의 깊게 대응해야 한다.

특별식과 함께 제공되는 음료 역시 개인의 식단에 맞게 선택할 수 있도록 도우며, 필요시 와인이나 주류도 함께 서비스될 수 있다.

■ 주요 절차 요약

- 특별식 승객에게 우선 제공
- 사전 요청 내역과 실제 식사 확인
- 누락·착오 시 양해 후 대체식 제공
- 필요시 음료 또는 와인 추가 서비스

5) 입국 서류 배포 및 작성 협조

객실승무원은 탑승 구역별 담당자로서 도착지 국가의 입국 절차가 원활히 이루어질 수 있도록 승객에게 필요한 입국 서류를 사전에 배포하고 작성 협조를 안내한다.

입국 서류에는 일반적으로 입국 카드(Arrival Card)와 세관 신고서(Customs Declaration Form)가 포함되며, 일부 국가에서는 검역 관련 설문서 등 추가 서류가 요구되기도 한다. 특히 출입국 규정이 복잡하거나, 감염병 관련 조사가 이루어지는 국가의 경우에는 더욱 세부적인 문서 작성이 필요하다.

승무원은 출발 전, 해당 국가의 작성 요령과 항목별 주의사항을 숙지하고, 승객이 서류를 정확히 작성할 수 있도록 다음과 같은 사항을 안내한다.

① 여행 목적의 선택

② 소지 금액, 물품 신고 여부 등 필수 기재 항목

③ 영문 필기 또는 기입 언어 기준

④ 서명 필수 여부

도착 전에는 승객이 서류를 모두 수령하였는지 확인하고, 작성 여부를 재확인함으로써 입국 심사 시 불필요한 지연이 발생하지 않도록 유도해야 한다.

6) 기내 면세품 판매 서비스

기내 면세품 판매 서비스는 국제선 탑승 승객을 대상으로 세계적인 브랜드의 상품을 면세 가격으로 제공하는 부가 서비스이다. 이는 국제선을 운항하는 항공기에서, 해당 구간의 세관 규정을 충족하는 경우에 한해 실시된다.

서비스는 비행 전 사전 안내 방송을 통해 이루어지며, 대개 비행시간이 1시간 이상인 국제선과 단거리 구간을 제외한 중·장거리 노선에서 활발히 시행된다. 판매 담당 승무원은 면세품 카트를 운용하며, 희망 승객에게 상품을 판매하고, 구매자에게는 해당 국가 입국 시 제출이 가능한 영수증과 포장을 제공한다.

기내 면세품은 전체 객실 서비스를 방해하지 않도록 일부 시간대에만 운영되며, 객실 구역별 조명을 활용한 판매 신호를 통해 진행된다. 판매 품목에는 화장품, 향수, 주류, 시계, 필기구, 초콜릿, 기념품 등 다양한 상품이 포함되며, 승무원은 판매 전 해당 품목의 가격과 세부 정보를 숙지해야 한다.

또한, 귀국편 예약 주문서를 통한 사전 예약 상품 제공 서비스도 운영된다. 승객은 항공기 내에서 주문서를 작성하거나, 사전 인터넷 또는 전화로 상품을 예약할 수 있으며, 귀국편에서 해당 품목을 수령할 수 있다.

기내 면세품 판매 절차

구분	주요 업무 내용
비행 전	– 판매 대금 은행 수령 – 면세품 인수인계 – 판매 보조 장비 수량 확인(판매일지, 계산 장비, 쇼핑백, 영수증, STEB 등)
비행 중	– 면세품 판매 – 귀국편 예약 주문서 접수 – 인벤토리 작성 및 실시간 재고 체크
비행 종료 후	– 판매 대금 및 판매일지 반납 – 판매 보조 장비 수량 재확인 – 면세품 반납 및 인수인계 완료

7) 객실 정돈 및 환경 유지

객실승무원은 기내 환경을 쾌적하게 유지하기 위해 식사 서비스 후부터 휴식 시간까지 객실을 정돈하고, 조명 · 온도 · 청결 상태를 체계적으로 관리한다.

(1) 객실 조명 조절

조명은 서비스 시간, 승객의 휴식 여부, 기내 활동에 따라 단계를 조절한다. 일반적으로 조도는 Night → Dim → Medium → Bright → Full Bright의 단계로 설정되며, 식사 중에는 풀 브라이트(Full Bright)를 기본으로, 야간 비행이나 영화 상영 시에는 디밍(Dim) 또는 나이트 모드로 낮춘다.

특히 면세품 판매나 업무 수행 시에는 해당 클래스만 밝게 설정하여 타 승객의 수면을 방해하지 않도록 유의한다.

(2) 클래스 디바이더 관리

기내 커튼은 클래스 간 구획을 나누는 설비로, 안전을 위해 이착륙 시 반드시 열어 고정한다. 비행 중에는 상위 클래스로의 이동을 제한하고, 서비스 간에도 커튼을 적절히 닫아 클래스 간 프라이버시를 유지한다.

(3) 객실 온도 유지

기내 온도는 평균 24±1°C로 유지되며, 좌석 위치와 기종에 따라 편차가 발생할 수 있다. 승객이 춥거나 덥다고 호소하는 경우 온도 조절 패널을 활용해 섬세하게 조정하며, 필요시 담요 등을 추가로 제공하여 쾌적함을 유지한다.

(4) 청결 점검 및 소음 관리

좌석, 통로, 화장실 등의 청결 상태를 지속적으로 확인하고, 화장지 · 비품의 보충 여부, 악취 및 이물 여부 등을 점검한다. 또한 갤리나 화장실 문을 여닫을 때 발생하는 소음은 최소화하며, 카드 · 기내 장비 · 캐리어 박스를 다룰 때에도 승객의 수면을 방해하지 않도록 주의해야 한다.

8) 비행 중 안전 및 보안 점검

기내 안전과 보안은 객실승무원의 핵심 업무 중 하나로, 비행 중에도 지속적인 순회 점검과 예방 활동이 요구된다.

- **좌석벨트 착용 안내:** 기류 불안정 예상 시 승객이 착석 중 안전벨트를 항시 착용하도록 안내하고, 표시등 점등 시 즉시 방송을 실시한다.
- **객실 내 순찰:** 비정상적 행동을 보이거나 수상한 움직임이 감지되는 경우, 해당 좌석 및 주변 지역을 세심히 관찰하여 보안 이상 유무를 판단한다.

- **화장실 점검:** 흡연 여부, 물품 파손, 전자제품 사용 등 화재 위험 요인을 확인하고, 승객의 전자기기 사용 시 유의사항을 재안내한다.
- **응급상황 대비:** 좌석 상태, 문 개폐 장치, 화장실 안팎 등을 수시로 점검하여 긴급상황 발생 시 즉각 대응할 수 있도록 준비하며, 이상 발견 시 조종실 및 선임 승무원에 즉시 보고한다.

9) 승무원 휴식 및 비행 관련 서류 작성

장거리 운항 시 객실승무원은 두 개 조로 나뉘어 교대로 휴식을 취한다. 이때 휴식 조가 맡은 구역에서는 공백이 생기지 않도록 철저히 분담하여 안전 및 서비스 운영에 차질이 없도록 한다. 반대 조는 두 번째 식사 서비스를 준비하고, 이후 비행 관련 서류를 정리한다.

주요 서류 종류

서비스 용품 인벤토리 리스트(Service Inventory List): 서비스 용품의 잔량을 기록하며, 출발편 기준으로 작성하여 교대 승무원 팀에 정확한 인계를 가능하게 한다.

주류 인벤토리 리스트(Liquor Inventory List): 기내 주류의 잔량과 반출 방지를 위해 작성하며, 보관함에 부착된 실(seal) 번호와 함께 기입해 보안성과 투명성을 유지한다.

10) 착륙 준비 업무

항공기가 목적지 공항으로 접근하면 착륙 약 40분 전, 기장은 안내 방송을 통해 승객에게 도착 예정 정보를 전달한다. 이후 기내는 정리 정돈 단계에 들어가며, 서비스 종료와 함께 하강 준비가 시작된다.

(1) 기장 도착 안내 방송 후

방송 담당자는 도착 안내 및 서비스 종료 방송을 실시한다.

객실승무원은 사용된 서비스 물품(헤드폰 등)을 회수 및 정리한다.

입국 서류를 최종 점검하고 브리핑을 마친다.

(2) 어프로칭(Approaching) 시그널 후

기장은 "Cabin crew, prepare for landing"이라고 방송한다.

면세품 판매를 종료하고, 객실 물품을 정리한다.

승객의 좌석 상태, 테이블 정리, 좌석벨트 착용 여부 등을 확인한다.

① 좌석 안전 점검

모든 승객이 좌석벨트를 정확히 착용하고 있는지 확인한다.

좌석 등받이, 테이블, 발 받침대가 원위치에 있는지 점검한다.

승객이 소지한 개인 물품이 좌석 위 선반이나 좌석 아래에 안전하게 보관되어 있는지 확인하며, 선반 문이 제대로 잠겨 있는지도 확인한다.

② 주변 위험 요소 확인

좌석 주변이나 복도 등에 짐이 방치되어 통로를 막고 있지 않은지 확인한다.

비상구 주변이나 선반 아래 공간에 승객 물품이 쌓이지 않도록 한다.

③ 갤리(Galley) 및 기내 설비 정리

모든 서비스 물품은 제 위치에 정돈하고 안전하게 고정한다.

Serving Cart 및 Compartment는 모두 잠금 장치로 고정한다.

기타 기내 설비와 보조 장비는 정해진 장소에 보관하고, 잠금 상태를 점검한다.

기내 조명은 필요시 어두운 상태로 조절하여 안전 확보와 승객 휴식을 돕는다.

④ 화장실 안전 확인

화장실 내에 승객이 있는지 여부를 확인한다.

갤리 · 시니어 구역 · 판매구역 등의 물품 및 장비 잠금 여부를 확인한다.

(3) 랜딩 시그널 후

고도 10,000ft에 도달하면 기장은 랜딩 신호를 보낸다.

객실승무원은 최종적으로 승객의 착석 상태와 안전벨트 착용 여부를 확인하고, 30-second review(비상 대비 절차 점검)를 수행한다.

모두 착석 후 자신의 Jump Seat에 착석해 좌석벨트와 안전벨트를 착용한다.

11) 택싱 중 업무

항공기가 활주로에 착륙한 후, 목적지 터미널까지 이동하는 과정을 택싱(taxiing)이라 하며, 이 단계에서도 승객의 안전이 확보되도록 다음의 업무가 수행된다.

객실승무원은 좌석벨트 착용 표시등이 꺼질 때까지 승객이 자리에 착석하도록 유도한다.

안전 관련 업무는 중단되며, 대신 '비행 중요 단계(Critical Phases of Flight)'에 따라 좌석에서 승객 상태를 관찰한다.

방송 담당자는 착륙 완료와 엔진 역추진 종료 후, 환송 방송(Farewell Announcement)과 함께 기내 음악을 송출한다.

12) 출입문 열기

항공기가 완전히 정지한 후, 객실 사무장은 기내 방송을 통해 모든 승무원에게 'All Attendant Call'을 지시하고, 기내 시스템이 평상 위치로 전환되었는지 확인한다.

출입문을 열기 전, 사무장은 도어 모드가 정상 위치이며 좌석벨트 표시등이 꺼졌는지 확인한 후 외부 직원에게 출입문 개방 신호를 보낸다.

일반적으로 출입문은 외부 직원이 개방하지만, B737 기종은 객실승무원이 직접 출입문을 조작한다.

문이 열리면 지상직원에게 특이사항, 연결편 정보, 검역 필요 여부 등 관련 내용을 전달하고, 입국 · 입항 절차를 돕는다.

(1) 도어모드 변경(팽창 → 정상)

(2) 도어 오픈 전 수신호

(3) 도어 외부 오픈

(4) 도어 내부 오픈 절차

좌석벨트 표시등 OFF 확인 도어모드 정상 위치 확인 외부 상황 확인 도어 오픈

13) 승객 하기

항공기가 목적지에 도착한 후, 객실승무원은 좌석별로 승객의 하기를 안내하며 모든 여정을 마무리하는 인사를 전한다. 각 승무원은 자신이 담당했던 좌석 구역에서 승객에게 감사를 표하고, 비행 중 착석 상태를 확인했던 승객들에 대한 배려를 지속한다.

특히 도움이 필요한 승객, 예를 들어 비동반 소아, 장애인, 유아 동반 승객, 노약자 등이 안전하게 하기할 수 있도록 짐을 들어 주거나 부축하는 등의 도움을 제공한다.

일반적인 하기 순서

- 응급 환자
- 일등석 및 비즈니스석 승객
- 이동 보조가 필요한 승객(예: 휠체어 이용 승객)
- 비동반 소아 및 특별 관리 대상 승객
- 일반석 승객
- 제한 승객
- 의료용 침대 승객

이러한 순서는 하기를 신속하면서도 질서 있게 진행하기 위한 것이며, 모든 승객이 안전하게 항공기에서 내릴 수 있도록 승무원은 끝까지 현장에서 안내 및 지원을 지속해야 한다.

4. 승객 하기 후 업무

1) 기내 점검

객실 점검 및 유실물 처리

비행 종료 후 승객의 하기가 모두 완료되면, 객실승무원은 최종적으로 객실 내 상태를 점검한다. 이는 잔류 승객 유무 확인, 기내 물품 상태 점검, 보안 상태 확인, 유실물 처리 등을 포함하는 필수 절차이다.

(1) 객실 점검 항목

잔류 승객 확인: 모든 승객이 하기하였는지 객실과 화장실, 갤리 및 코트룸(보관함) 등을 순회하며 확인한다.

좌석 및 주위 점검: 각 좌석 주위의 Seat Pocket, Overhead Bin(상부 수납함), 좌석 아래 등을 점검하여 유실물이 남아 있지 않은지 확인한다.

기내 물품 회수 및 정리: 화장실 비품, 헤드폰, 담요, 신문, 안전카드 등 기내 제공 물품을 회수하고, 재사용 가능한 품목은 정리한다.

보안 및 장비 점검: 담당 구역별로 슬라이드 모드(Slide mode)의 상태를 재확인하고, 이상 유무나 파손 여부를 기록하며 인수인계 시 필요한 항목은 정리한다.

기내 설비 이상 유무 확인: 장비 고장, 좌석 결함, 불빛 이상 등 발견된 항목은 정확한 위치와 내용을 기재하여 보고한다.

(2) 유실물 처리 절차

유실물이 발견될 경우, 발견 시점에 따라 처리 절차가 달라진다.

① 비행 중 발견 시

발견한 승무원은 객실 사무장에게 즉시 보고하고, 유실물의 형태 · 위치 · 시간 등을 기내방송을 통해 전체 승객에게 안내한다.

해당 물품에 대해 승객의 소유 여부를 확인하며, 소유자가 없을 경우 도착지의 지상 직원에게 인계한다.

② 하기 후 발견 시

하기 이후 좌석 또는 객실 내에서 유실물이 발견되면, 승무원은 Purser's FLT Report에 해당 물품의 종류, 수량, 위치, 인계 대상자 등의 정보를 정확히 기록한다.

발견된 물품은 도착지의 지상 운송 직원 또는 인계 담당자에게 전달하며, 인계가 어려운 경우에는 공항 출도착 사무소 또는 해당 기관에 인계한다.

2) 비행 후 브리핑

비행이 종료된 후, 객실 사무장이 필요하다고 판단하는 경우 Debriefing(비행 후 브리핑)을 실시할 수 있다. 이는 비행 중 발생한 상황을 승무원 간에 공유하고, 문제점이나 개선사항을 도출하여 향후 서비스 품질 향상을 도모하기 위한 중요한 절차이다.

브리핑에서는 다음과 같은 항목을 중심으로 이루어진다.

- 승객의 불만 사항, 환자 발생, 특이사항 보고
- 기내 서비스 중 발생한 문제점 및 설비 이상
- 특별 승객 응대 사례와 유실물 처리 경험 공유

필요시에는 해당 내용을 문서화하여 회사에 공식 보고하며, 향후 동일한 상황에 대한 대응 기준 수립에 기여한다. 문제 발생 시 그에 따른 조치 사항과 경과도 함께 보고하여, 서비스 개선에 실질적인 자료로 활용되도록 한다.

3) 비행 후 업무

객실승무원의 비행 후 업무는 승객 하기가 완료된 직후부터 본격적으로 시작되며, 담당 구역을 기준으로 다음과 같은 순서로 수행된다.

(1) 기내 점검

- 남아 있는 승객 유무 확인: 좌석, 화장실 등 객실 내를 순회하며 승객이 모두 하기했는지 점검한다.
- 유실물 및 좌석 상태 확인: 좌석 위 선반, 좌석 주변, 코트룸 등에서 유실물이 있는지 확인한다.
- 비상 슬라이드 상태 확인: 슬라이드 모드가 정상 위치에 있는지 재확인한다.
- 판매 품목 정리 및 인계: 기내 판매물품 및 인벤토리 리스트를 정리하고, 담당 부서 또는 지상직원에게 인계한다.

(2) 보고 및 퇴근 절차

모기지(인천, 김포 등) 도착 시: 특별한 후속 업무가 없는 승무원은 퇴근한다. 단, 담당자에게 서류 제출, 면세품 대금 정산, 도착 보고 등의 업무를 수행할 수 있다.

타 지역 도착 시: 호텔로 이동하여 휴식을 취하고, 다음 비행 스케줄에 대비한다.

참고문헌

객실승무원 훈련 지침, 국토교통부훈령 제1734호.

대한항공 객실훈련원, Food & Beverage.

대한항공 서비스 업무 교범.

박수미, 배윤미(2020). 항공객실서비스론. 경기: 양성원.

박수진, 신상태(2023). 항공객실서비스 업무 기본. 서울: 센게이지러닝코리아.

박연옥, 윤선정, 박윤미(2021). 항공객실업무. 서울: 센게이지러닝코리아.

박혜정(2014). 항공객실업무. 서울: 백산출판사.

아시아나 항공 객실업무교범.

아시아나 항공 직무 훈련 교재.

유문주, 김승미(2021). 비행 전 객실서비스. 서울: 센게이지러닝코리아.

NCS 국가직무능력표준 홈페이지(http://www.ncs.go.kr).

네이버 지식백과(http://www.naver.com).

대한항공 스카이샵(https://www.koreanairdfs.com)

대한항공 홈페이지(http://kr.koreanair.com).

아시아나항공 홈페이지(http://flyasiana.com).

https://img.freepik.com/premium-photo

https://live.staticflickr.com/4043/4526344682_61a13ceb77_b.jpg

https://www.alamy.com

https://www.sky4u-berlin.com

찾아보기

저 / 자 / 소 / 개

▪ 홍윤희

경기대학교 서비스경영대학원 경영학 박사
현) 수원과학대학교 항공관광과 교수

▪ 김지윤

한국항공대학교 항공경영 석사
현) 극동대학교 항공운항서비스학과 교수

기내 서비스 프로세스 가이드

1판 1쇄 인쇄 — 2025년 8월 25일
1판 1쇄 발행 — 2025년 8월 30일

저 자 - 홍윤희 김지윤
발 행 인 - 강철원
발 행 처 - 양성원
주 소 - 경기도 파주시 검산로 173번길 29-12
전 화 - 031-946-3861(代)
팩 스 - 031-946-3864
이 메 일 - tnwpub@naver.com
홈페이지 - tnwpub.co.kr
출판등록 - 2015년 8월 31일 제 2015-000211 호

ISBN 979-11-6126-656-5

정가 22,000원